シリーズ 教えて いるかどり先生！ ③

特別支援教育の**自立活動**

子どもがウキウキ学ぶ**教材&活動**
💡 アイデア図鑑 📖

120

著 **いるかどり**

時事通信社

は じ め に

泣いたり大声をあげたりするのは、「困った子」ではなく、「困っている子の表現」の形です

　本書を手に取ってくださり、誠にありがとうございます。本書のテーマは、「自立活動」です。実践してきた題材120個のアイデアと共に自立活動が楽しく実施される大切さが伝わることを願いながら執筆をしました。

　子どもたちの困り感を改善・克服できる学習として自立活動は大きな役割があると考えます。自立活動は「無理やりやらされる学習」ではなく、「主体的・意欲的に取り組める学習」だと考えます。

　子どもたちが困っていること、苦手意識のあることを、いかに前向きに取り組むことができるように授業を工夫するかを一緒に考えていきましょう。

　はじめて特別支援学校や特別支援学級の担任になった先生の授業づくりのヒントとして、これまで経験のある先生の新たな視点として、少しでもお役に立てたら嬉しいです。

● 立ち歩く、大声で泣く、罵声をあげる＝表現の形

　この本で、まず最初に伝えておきたいことがあります。特別支援学級では、立ち歩いたり、苦手なことや困難があると大声で泣いたり叫んだりする子どもたちがいます。こうした子どもたちは、一見すると、「困った子ども」に見えるかもしれません。しかし、特別支援教育に関わっているわたしたちプロは、そうした子は困った子ではなく、「困っている子」であることを見逃してはいけません。そして、理解しておきたいのは、こうした子どもたちにとって、泣いたり大声をあげたりする行為というのは、「表現」だということです。

● 子どもの表現＝個人因子 + 環境因子

　こうした表現に至るには、2つの背景が組み合わさっています。一つは、個人因子です。これは、年齢、性、生活歴など、個人の生活や人生特有の背景です。もう一つは環境因子です。これは、子どもたちが生活し、人生を過ごしている物的（建築や福祉用具など）・社会的（家族や友人、集団など）・制度的環境（サービス、政策など）などのことです。こうした個人因子と環境因子と子どもの姿を図にすると、次ページのようなものになります。

表現の形
（目の前の姿）

〈 個人因子 〉

☐ 子どもたちの強み
　知ってること、できること、好きなこと　など

☐ 子どもたちの困り感
　知らないこと、難しいこと、嫌いなこと　など

☐ 記憶・経験・性格　など
　やったことがある、失敗した、負けた　など

☐ 心身の発達
　精神年齢、運動能力、学習能力、情緒　など

☐ 生理的状況
　空腹　睡眠　排泄　など

〈 環境因子 〉

☐ 人的環境
　表情、声かけ　など

☐ 物的環境
　学習道具、椅子、机　など

☐ 空間的環境
　教室、校庭、時間、季節感　など

☐ 活動や学習内容
　国語、算数、体育、給食時間、休み時間　など

　つまり、今目の前にいる子どもたちの姿は、個人因子と環境因子が合わさったものだということです。ぜひ、これを理解した上で、目の前の子どもたちのことを想像しながら読んでみてください。子どもたちが主体的に学びに参加できる授業づくりができるように最善を尽くしていきましょう。
　たくさんの愛を込めて……

いるかどり

- はじめに ……………………… 2
- もくじ ………………………… 4

健康の保持

1	自分でおにぎりを握る …………	6
2	おかわりカードで量を調整 ………	7
3	手洗いチェック …………………	8
4	手洗いのクセを知る ……………	9
5	素材のあったかさ比べ …………	10
6	汗を拭く習慣をつける …………	11
7	鏡でチェックタイム ……………	12
8	歯間ブラシでピカピカ 120 点 …	13
9	ピルケースで一目瞭然 …………	14
10	家庭でも内服自己管理 …………	15
11	怪我したときは？ ………………	16
12	ブイブイアピール（部位） ……	17
13	イヤーマフで集中タイム ………	18
14	パーテーションで集中スペース作り ………………………	19
15	動画で毎日運動大作戦 …………	20
16	視聴時間の約束づくり …………	21
17	やったねシール帳 ………………	22
18	身長・体重グラフで成長実感！ …	23

心理的な安定

19	ストレスコーピング ……………	24
20	コーピングノートで安心貯金 ……	25
21	イライラボックス ………………	26
22	自分の気持ちを具体的な言葉に変換	27
23	心の天気 …………………………	28
24	心の天気予報 ……………………	29
25	ハラハラキャッチ ………………	30
26	ハラハラ「お皿」キャッチ ……	31
27	ストーリーカード ………………	32
28	わくわく！　予定づくり ………	33

29	行事の場所は見て確認 …………	34
30	昨年度は何をした？ ……………	35
31	予定変更カード …………………	36
32	or カード ………………………	37
33	紙コップタワー …………………	38
34	あなたは「許せる」？ …………	39
35	ミックスカルタ …………………	40
36	二択で比べる「好きなもの」 …	41

人間関係の形成

37	あなたのことが大好きリスト ……	42
38	今日のありがとうハート ………	43
39	いろいろな挨拶パターン ………	44
40	これがわたしの「元気サイン」 …	45
41	この顔はどんな気持ち？ ………	46
42	表情カードでマッチング ………	47
43	自分や人が傷つく笑いは NG ……	48
44	じーっと見つめて、どっちかな？	49
45	自分の「強み」シート …………	50
46	こんなときどうする？ …………	51
47	感覚刺激で安心 …………………	52
48	大好きな先生とハイタッチ ……	53
49	ルール札 …………………………	54
50	わたしの線みーつけた …………	55
51	YES or NO ハンカチ ……………	56
52	先生と遊べる予約チケット ………	57

環境の把握

53	にんじゃとにんぎょ ……………	58
54	聞いてね！ グーチーパー …………	59
55	ボールスライダーで絶好調 ………	60
56	わくわくスライダーとボールシャワー ………………………	61
57	感覚メーター ……………………	62
58	透明感覚袋 ………………………	63

59	サーキット運動	64
60	聞いてみてキャッチ！	65
61	ラダーでドレミ	66
62	ドレミタワー	67
63	ばらばら漢字パズル	68
64	見つけた文字を集めてみよう	69
65	ローマ字マッチング	70
66	ゴロ合わせローマ字チャレンジ	71
67	タオルで風船ぽんぽん	72
68	スピードカラーマーチング	73
69	グループづくり	74
70	どちらが「きちんと」している？	75
71	教室でタイマーを使う	76
72	自分に合ったタイマーを選ぶ	77
73	「かちとる」じゃんけん	78
74	あとだしじゃんけん	79
75	お宝順番BOX	80
76	隣の色は違う色！ 4色ぬりえ問題	81

身体の動き

77	みんなでリズムジャンプ	82
78	いろいろなジャンプにチャレンジ	83
79	姿勢を意識する	84
80	グラグラトレーニング	85
81	1日5分運動！ UP to YOU	86
82	机や椅子は「自分サイズ」に	87
83	使わないときはどうする？	88
84	透明お道具袋ですっきり収納	89
85	輪ゴム通し	90
86	両手を使う活動を広げる	91
87	ミッションひもロード	92
88	ミッションスポンジロード	93
89	定規を押さえる	94
90	滑らないテープ	95
91	結ばない靴ひも	96

92	ストレッチで準備万端	97
93	ボンドの壁	98
94	その子に合った管理方法	99
95	スポンジハードル	100
96	スポンジボールで一本橋	101
97	ビー玉発掘	102
98	シリコン粘土がグリップに変身	103
99	ひも通しでネックレスづくり	104
100	曲がるストローで大車輪	105
101	ちぎってかざり	106
102	アイロンビーズでオーナメント作り	107
103	手先足先から体をリラックス	108
104	指先全部をマッサージ	109

コミュニケーション

105	ジェスチャークイズ	110
106	ゆっくりゆっくり読み聞かせ	111
107	お腹でボール運び	112
108	先生の腕でクレーンゲーム	113
109	とんぱんりんご	114
110	先生答えて！ あいうえお	115
111	ダブルキャッチャー	116
112	紙袋にシュート	117
113	語彙ポイントカード集め	118
114	いいねの木	119
115	今日の一言メモ	120
116	メモで宝探し	121
117	この場面ってどんな状況？	122
118	まとめながら聞く	123
119	おはなしポスト	124
120	場面に応じた声の大きさ体験	125

● おわりに … 126

1. 健康の保持 （1）生活のリズムや生活習慣の形成に関すること

1 朝ごはんを作る
自分でおにぎりを握る

準備するもの　・一合炊飯器　・お米　・水　・ラップ　・食器用洗剤

よそってもらったご飯ではなく、にぎることで主体性が生まれる

おにぎりは一番シンプルな料理だよ

お米のあたたかさも感じるね

五感を使うことにつながる！

困りごと ＆ アセスメント

Q 保護者が家庭にいる時間が少なく、朝食をとらずに登校する子がいます。学校で何かを食べる活動をとり入れたいです。

A 生活単元学習の調理実習、自立活動の健康の保持など、指導目標を設定して取り入れます。ネグレクトがないかも注意します。

> 実践の流れ

❶ 食べることの大切さについて知ります。
❷ お米を炊きます。
❸ 自分でおにぎりを作って食べます。

いるかどり先生からのアドバイス

✓ 子どもたちが、自分で生活ができるように指導をしていくことで、将来の自立に向けて進めていきます。そのためにはまずは、食べることの楽しさ、食べることの大切さに気づけるように、おにぎりづくりなどを取り入れてみましょう。子どもの様子から保護者支援を進めることにした場合は、学校や福祉機関と連携しましょう。

応用編

2 おかわりカードで量を調整

食事に関する環境ひとつ考えてみても、朝ごはんを食べていない、偏食、食べすぎてしまうなど、さまざまな子どもたちがいます。今回は、食べ過ぎてしまう子どもたちについて、肥満などによる保健指導が必要になった場合、満足感を得ながら食事の量を調整することができるように考えました。自分でおかわりカードを選んで教師に渡して調整をしていきます。

準備するもの ・おかわりカード

自己決定して食べる量を調整する力を育む！

おかわりしたいタイミングでカードを選ぶ

1. 健康の保持 （1）生活のリズムや生活習慣の形成に関すること

3 正しい手洗いの習慣化
手洗いチェック

準備するもの
・洗い残しを確認する専用機器　・専用ローション
・石鹸

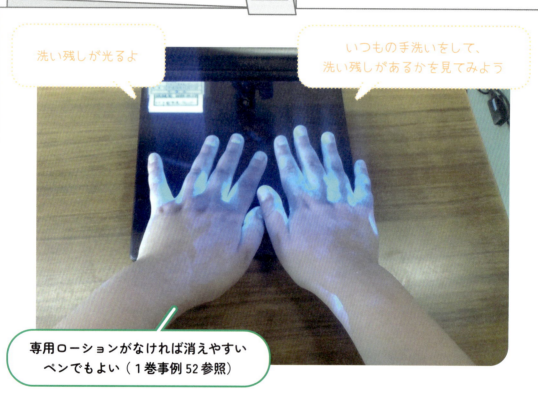

洗い残しが光るよ

いつもの手洗いをして、洗い残しがあるかを見てみよう

専用ローションがなければ消えやすいペンでもよい（1巻事例52参照）

困りごと & アセスメント

Q 忘れっぽかったり、さっとすませてしまったりと、手洗いを習慣化することが難しいです。

A どれだけの洗い残しがあるか、汚れを視覚化して、子どもたちが実際に見えるように活動を計画してみましょう。

実践の流れ

① 専用ローションを手に塗り、普段通りの手洗いをします。
② 専用機器で、洗い残しを見てみます。
③ 目で見えた洗い残しを意識して、再度手を洗います。

いるかどり先生からのアドバイス

- 期間を決めて教室に専用機器を置き、食事前に洗い残しチェックができる環境を整えておくと、より手洗いが習慣化されます。
- 正しい手洗いの手順は、手洗いの歌を参考にすると楽しく行うことができます。

応用編

4 手洗いのクセを知る

専用機器で見た洗い残しが、手のどの部分に特に多いのかを考えます。専用機器での確認を何度か続けることで、自分がどの部分をいつも洗い残しているのが分かります。プリントや写真で、一人ひとりの洗い残しのクセを見つけ、記録できるといいですね。保健の学習と関連付けて健康な生活習慣について理解を深めましょう。

準備するもの ・鉛筆 ・プリント ・記録写真 など

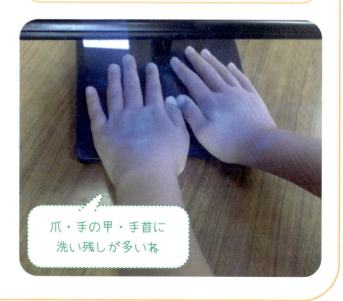

爪・手の甲・手首に洗い残しが多いね

1. 健康の保持 （1）生活のリズムや生活習慣の形成に関すること

5 衣服の選択
素材のあったかさ比べ

準備するもの：・異素材のアーム教材　・着がえセット

どの素材があたたかいかな？

困りごと ＆ アセスメント

Q 毎日同じ服ばかりを着て過ごす子がいます。暑い日でも長袖を着ているので、汗をかいて脱ぎたがり困っています。

A パターンの違う着替えセットを複数預かり、衣服の調整をする習慣を学びつつ、素材による体感温度の違いを指導しましょう。

実践の流れ

1. 教材を使用し、生地による体感温度の違いを知ります。
2. 手教材と衣服を比べて、「あつい・すずしい」に分類します。
3. 着替えセットを預かり、汗をかいたら着替えます。

いるかどり先生からのアドバイス

✓ どの洋服であっても、同じ素材だと思っている場合には、涼しい日や暑い日によって衣服を選択すると快適に過ごせることを伝えていきましょう。今回の教材は、布の素材の違う生地を複数用意して、腕を入れて触覚を活用して学習をします。教材を作成する際には、なるべく比べやすい素材にしましょう。

応用編

6 汗を拭く習慣をつける

汗をかいたときには、汗を拭く習慣をつけることで、快適に過ごせるように指導してきましょう。ついついハンカチを忘れてしまうことが多い子は、連絡帳にハンカチを入れるスペースを作り、毎日確認ができるようにすると持ち忘れが減ります。また、目や鼻を傷つけることのないように、ぽんぽんとやさしくふけるように声かけをしましょう。

| 準備するもの | ・ハンカチ、タオル、てぬぐいなど |

汗に気づいていない子がとても多いので言語化して伝える

ぽんぽん
やさしくふこう

1. 健康の保持 （1）生活のリズムや生活習慣の形成に関すること

7 清潔感を保つ
鏡でチェックタイム

準備するもの　・手持ち鏡　・壁につける鏡

毎日やることで習慣にできる！

鏡の自分にポジティブな一言をかけよう

困りごと ＆ アセスメント

Q 何度伝えても、朝の洗顔や歯磨きをしてこない子がいます。家庭は協力的ではありません。

A 保護者と相談をし、家庭で取り組むことが難しい場合は、学校での毎朝の習慣にしていけるように環境を整えましょう。

実践の流れ

1. 壁掛けタイプの鏡を常設します。
2. コップや歯ブラシを置く場所を常設します。
3. 授業や毎朝の登校後に指導を継続します。

いるかどり先生からのアドバイス

✓ 教育活動全体を通した自立活動を設定しましょう。今回のケースであれば、時間における指導で、顔の洗い方や歯磨きの方法を指導します。その後は、習慣になるように登校後の朝の時間を使って自分で取り組むことができるように環境を整えます。清潔でいると気持ちがよいことを伝えていきましょう。

応用編

8 歯間ブラシでピカピカ120点

歯間ブラシは、効率よく、効果的に歯と歯の隙間をきれいにすることができます。歯ブラシを使って歯磨きをする習慣をつけることも大切ですが、歯間ブラシを習慣化させることで、虫歯になりにくい口内環境を作ることができます。歯茎を傷つけてしまうことがないように、まずは教材でシミュレーションをして、やさしく手を動かせるようにしましょう。

準備するもの　・歯間ブラシ　・手持ち鏡　・コップ

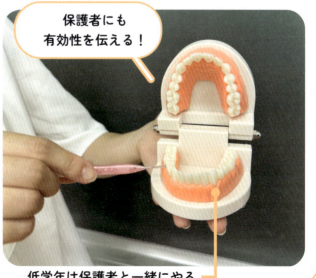
保護者にも有効性を伝える！
低学年は保護者と一緒にやる

1. 健康の保持 （2）病気の状態の理解と生活管理に関すること

9 薬の管理
ピルケースで一目瞭然

準備するもの　・ピルケース　・養護教諭の印鑑

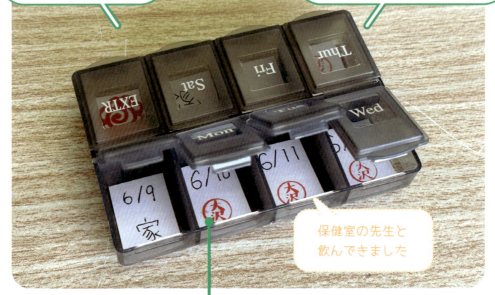

決まった時間に飲めるようになる

アラームと組み合わせるのがポイント

保健室の先生と飲んできました

飲んだら養護の先生にハンコをもらう

困りごと ＆ アセスメント

Q 学校で薬を飲んでいる子がいるのですが、ついつい飲み忘れてしまいます。わたしも忘れてしまうことがあります。

A タブレットでアラームがなるようにセットし、養護教諭と連携して共通理解ができるように教材を使用しましょう。

> **実践の流れ**

❶ 薬について保護者・管理職・養護教諭と確認します。
❷ 子どもと一緒に薬を飲む流れについて学習をします。
❸ 継続的に教職員が連携して安全に配慮していきます。

> **いるかどり先生からの アドバイス**
>
> ✓ 学校で薬を服用する際には、保護者・管理職・養護教諭を中心に、学校全体で共通理解ができるようにします。研修等で共通理解をした後には、どの教師が自習学習で入っても安全に薬の服用ができるように、管理表や支援ツールについても事前に準備をしておきましょう。

応用編

10 家庭でも内服自己管理

将来の自立に向けて、薬の自己管理ができるようになることを目標とします。家庭と学校で同じ教材を使って、子どもたちが混乱をしないように伝えていくことが大切です。今回は、市販されているピルケースを用意して箱には曜日、中には服用するタイミング（朝や夕など）を入れておきます。

準備するもの　・ピルケース　・時間が書かれた紙

家庭も学校も同じ仕組みで取りくむ

1. 健康の保持 （3）身体各部の状態の理解と養護に関すること

11 怪我の予防と処置
怪我したときは？

準備するもの　・ケガのイラスト　・養護教諭の写真　・学校マップ　など

困りごと & アセスメント

Q 休み時間に怪我をした際に、黙ってその場で座っていたようです。授業にも間に合いませんでした。

A 怪我をしたり、トラブルに巻き込まれたりするとパニックになってしまいます。授業の中で対応を学びましょう。

> **実践の流れ**

① 怪我の種類や名称について知ります。
② 学校の中で助けてくれる人を知ります。
③ 水道や保健室の位置を実際に見て確認をします。

いるかどり先生からの アドバイス

☑ わたしたち教師は、子どもたちが怪我をしたときやトラブルに巻きこまれたときには、まずは、子どもたちの命の安全と心身の健康に気を配りましょう。
☑ 自分で解決をする力よりも、まずは助けを求める方法や心情を育てていきましょう。

応用編

12 ブイブイアピール（部位）

国語や保健の学習と関連づけながら腕や足など、身体の名前について学習を進めます。
貼って剥がせるシール（マスキングテープや粘着力の弱い丸シールなど）を使って、自分の体の部位に貼ります。教師や友だちと一緒に「この部位どーこだ」「ひじ！」と声をかけながら指定された部位を前に出してアピールします。

準備するもの　・シール

この部位どこだ？「ひじ！」

ゲーム感覚で楽しく体の部位を学べる

1. 健康の保持 （4）障害の特性の理解と生活環境の調整に関すること

13 自分で音の調節をする
イヤーマフで集中タイム

準備するもの　・イヤーマフ　・使用中の掲示やシール

子どもが学びやすいよう環境を調整する！

周りの子どもたちにも集中していることが伝わる

困りごと ＆ アセスメント

Q 周りの音が気になって学習に集中できない子がいます。イヤーマフなどを使用してもよいのでしょうか？

A イヤーマフを使用することで授業に集中できるのであれば、学級で使用できるように環境を整えましょう。

実践の流れ

1. 自分の感覚に合うイヤーマフを見つけます。
2. 着用するときの約束を共通理解します。
3. 学校生活の中で着用します。

いるかどり先生からのアドバイス

✓ 必要なときにメガネを着用するように、必要なときにイヤーマフや補聴器を着用できるような学校の雰囲気になると聴覚過敏のある子などが過ごしやすくなります。イヤーマフを着用すると周りの音が聞こえにくくなる場合があります。そのため、学級全体で着用するときの約束をきめましょう。

応用編

14 パーテーションで集中スペース作り

近年は、文具屋などでも机の上に設置することができるパーテーションを目にすることが増えました。視覚刺激を軽減することで集中することができる子どもたちに効果的です。特別支援学校や特別支援学級など、スペースがあるときには、学習専用のスペースを作ってみてはどうでしょうか？視覚刺激や聴覚刺激を軽減して学習に集中できます。

準備するもの
・パーテーション

パーテーションや棚を設置

1. 健康の保持 （5）健康状態の維持・改善に関すること

15 元気に過ごすための体力をつける
動画で毎日運動大作戦

準備するもの：・タブレット　・事前に撮影した動画

1日5分間を継続しよう

短時間でメリハリをつけて運動できる

動画を流すことで先生が支援者になれる

困りごと ＆ アセスメント

Q 毎日運動する習慣をつけていきたいのですが、わたしが見本を見せると、教えながらの支援ができません。

A 事前に撮影した動画や写真をタブレットで視聴できるようにすることで声かけと支援が同時にできます。

実践の流れ

1. 教師が事前に運動する様子を撮影します。
2. タブレットに動画や写真を保存します。
3. 子どもたちがタブレットで動画や写真を視聴し運動をします。

いるかどり先生からのアドバイス

✓ 運動する学習では、教師自身が見本を見せる場面が多くあります。見本を示しながら、同時に子どもたちの近くで声かけや支援をすることは物理的に難しいです。そんなときには、事前に動画や写真を撮影をしておき、子どもたちのタブレットに共有をします。見本と支援を同時に行うことができます。

応用編

16 視聴時間の約束づくり

ゲームやショート動画の視聴などデジタル機器に触れることはとても楽しいことです。その楽しさを制御することが難しくなり、視聴時間が増え続け、睡眠不足になったり、健康的な生活を妨げたりすることがあります。「何度言ったらやめられるの？」という声かけをする前に、見守り機能や制限機能を活用していきましょう。

準備するもの：・ゲーム機器やタブレットの見守り機能

制限をして健康な生活を維持する

1. 健康の保持 （5）健康状態の維持・改善に関すること

17 運動する習慣を身につける
やったねシール帳

準備するもの　・ご褒美シール帳　・なわとびカードなど

時間や回数など達成できる目標

困りごと ＆ アセスメント

Q 子どもたちと一緒に朝マラソンや朝なわとびをしようと思います。意欲向上できるものはありますか？

A やったねシール帳はどうでしょう？ 「明日やろうかな」と継続することが難しいときのやる気アップにつながります。

> 実践の流れ

1. 運動する習慣の大切さを学習します。
2. 毎朝、運動する時間を設定します。
3. 達成できたらシールを貼ります。

いるかどり先生からのアドバイス

☑ 「取り組んだことへのシール」「目標を達成したことへのシール」を貼ることができるようにすることで、運動に苦手意識のある子であっても達成感を感じることができるように工夫をします。シールの他にもスタンプや教師オリジナルのイラストなど、子どもたちが喜ぶものにしましょう。

応用編

18 身長・体重グラフで成長実感!

学校では、身長や体重をはかり、成長の記録を作成しています。子どもたちは、自分の成長を楽しみにしています。養護教諭と協力をして、毎月、身長や体重を記録することで「身長計や体重計に慣れること」「自分の成長を感じること」「自分の体重の増減を知ること」など、子どもたちの実態に合わせて取り組んでいきましょう。

準備するもの ・身長計 ・体重計 ・記録表

大きくなったね

少人数学級だからできる実践!

2. 心理的な安定 （1）情緒の安定に関すること

19 自分を助ける方法
ストレスコーピング

準備するもの　・コーピングカード

落ち着ける手段が分かる！

コーピングとは「自分を助ける方法」のことだよ

どれをやってみたい？

選択肢は子どもたち自身が出したものにする

困りごと & アセスメント

Q 苦手な学習になると落ち込んでしまったり、トラブルがあるとイライラが収まらなかったりする子がいます。

A 自分の不安の正体に気づかせ、どうすれば自分の気持ちが安定するかを一緒に考えてみましょう。

実践の流れ

① 気持ちが落ち着きそうなことをいくつかの中から選択します。
② 実際に試してみて、よい気持ちになるか自分を観察します。
③ 生活の不安を感じる場面で、コーピングを実践します。

いるかどり先生からのアドバイス

☑ 選択肢が多すぎると、どのコーピングがよいか考えることが難しくなります。始めは、深呼吸など身体一つでできることを試し、徐々にできそうなことを増やすとよいでしょう。
☑ 実際にイライラしたときには試すことが難しいので、気持ちが穏やかなときに練習しておくのがおすすめです。

応用編

20 コーピングノートで安心貯金

心を落ち着けて過ごすための有効な方法は、複数あると安心です。試してみてよかったことをメモしたり、安心レベルを記録したりすることができるよう、ノートを作ります。少し不安になったときに、自分でコーピングを選んで実践し、大きな不安になる前に対処できるよう支援します。表紙に好きなコーピングキャラクターを貼るのもおすすめ。

準備するもの：・記録するもの

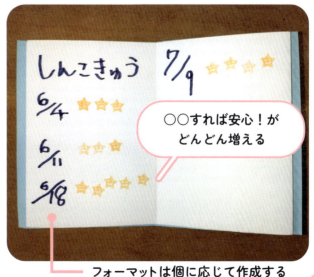

○○すれば安心！がどんどん増える

フォーマットは個に応じて作成する

2. 心理的な安定 （1）情緒の安定に関すること

21 感情の表出
イライラボックス

準備するもの　・ダンボール　・画用紙

教室の見えるところに置いておけば、いつでも使える！

感情を言葉で表出する練習になる

頭を入れて、感情を口に出す

困りごと & アセスメント

Q 感情をうまく表現することが難しいです。イライラすると手足が出てしまうことがあります。

A 感情には様々な種類があります。いきなり抑えるのではなく、まずは吐き出す取り組みをしましょう。

実践の流れ

① 気持ちが穏やかなときに、やり方を説明します。
② 感情には言葉があることを伝え、実際に口に出します。
③ 勝敗のあるゲーム等では、近くに置いて使用します。

いるかどり先生からのアドバイス

- ✓ イライラしているときや、気持ちが不安定なときは、余裕がなくなります。子どもたちの気持ちが穏やかなときに、何度か繰り返し学習をしましょう。
- ✓ 感情を言葉で表現できたときは、その言動を認めて、価値付けすることで、次へつなげていきましょう。

応用編

22 自分の気持ちを具体的な言葉に変換

感情には、様々な種類があります。まずは自分の気持ちを知り、言語化できることが大事です。感情を言語化して吐き出すことを通して、自分の感情に気付いていきます。また、「どんまい」「次がある」など、気持ちを切り替える言葉も合わせて伝えていくことで、自分で気持ちをコントロールする力につなげていきます。

準備するもの：・画用紙　・付箋など

中に感情表現を書いておく

2. 心理的な安定　（2）状況の理解と変化への対応に関すること

23 自分の気持ちを表現できる
心の天気

準備するもの　・ホワイトボード　・名前マグネット　・天気カード

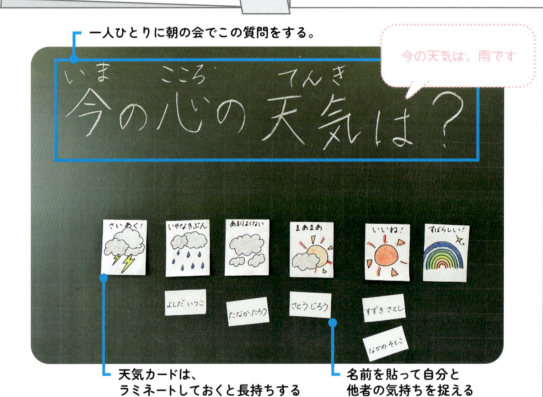

一人ひとりに朝の会でこの質問をする。

今の天気は、雨です

天気カードは、ラミネートしておくと長持ちする

名前を貼って自分と他者の気持ちを捉える

困りごと ＆ アセスメント

Q 気持ちを言葉にすることが苦手です。友だちの気持ちを捉えることも苦手で、それが原因でトラブルが起こります。

A 気持ちを天気に例えて、自分と他者の気持ちについてのイメージをつかませる活動はいかがでしょうか。

実践の流れ

① 天気カードと気持ちの確認をします。
② 今の気持ちに近い天気のところに、名前マグネットを貼ります。
③ 心の天気を理由と合わせて順に発表します。

いるかどり先生からのアドバイス

✓ 慣れてきたら、一人ひとりの発表に対して質問をし合う活動を取り入れるのもよいです。相手に関心をもつきっかけになったり、相手の気持ちをより理解しやすくなります。また、国語科の「話す・聞く」の単元にも関わるので、教科横断的な活動になります。

応用編

24 心の天気予報

気持ちと天気のイメージを結びつける活動です。まず、天気カードをふせてシャッフルします。その中から1枚引きます。（易）カードに合う表情をして見せます。（難）教師が「学級レクが中止になりました。」など想定される場面を言葉で伝えます。子どもたちは、心の天気を予想し「天気は、〜でしょう！」と、答えます。

準備するもの ・天気カード

レク中止なので…
天気は…雨でしょう！

自分の心の動きを
冷静に見るレッスン

2. 心理的な安定 （1）情緒の安定に関すること

25 目で追う力をのばす
ハラハラキャッチ

準備するもの：・ティッシュペーパー

困りごと ＆ アセスメント

Q 板書をノートに写すことが苦手で、写し間違いがよくあります。書き終わるまでに泣いてパニックになります。

A まずは情緒の安定を第一に考えましょう。ゲーム感覚で楽しく目や指のトレーニングができる活動はいかがですか。

実践の流れ

❶「ティッシュを目で追いかけるよ」と、説明します。
❷ 教師は、高い位置からティッシュを落とします。
❸ 落ちてきたティッシュをやさしくキャッチします。

いるかどり先生からのアドバイス

☑ 10枚など枚数を予め決めて、何枚キャッチできたかな？ 何枚連続でキャッチできるかな？ と、ゲームの要素を取り入れて楽しみながら取り組みましょう。
☑ 慣れてきたら、落とす位置を段々と高くすると、ハラハラ感が増します。

応用編

26 ハラハラ「お皿」キャッチ

目でティッシュを追いかけることはできるけど、手でキャッチすることは難しい。そんなときには、平皿やお盆のように面積の大きい教材を作成してティッシュをキャッチできるようにしましょう。今回は、目で追う力を目標にしていたので、手でキャッチする力を支援しました。スモールステップで取り組むことで、子どもたちが楽しく学習できるようにしましょう。

準備するもの
・画用紙で作成した平皿

手よりもキャッチしやすい！

画用紙で大きなお皿を作ったよ

2. 心理的な安定 （2）状況の理解と変化への対応に関すること

27 見通しをもって生活する
ストーリーカード

準備するもの　・ストーリーカード　・ホワイトボード用マーカー

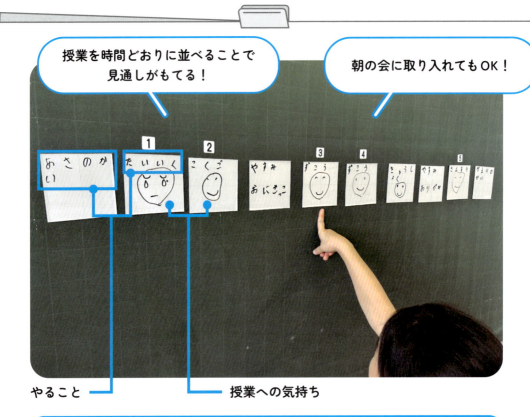

困りごと ＆ アセスメント

Q 何時間目？　下校はいつ？　など、学校生活に見通しをもつことが難しいです。

A まずは、登校から下校までの生活リズムをパズルを操作して学ぶことなどから始めてみましょう。

実践の流れ

1. 厚紙にラミネートを貼ったカードを作成します。
2. ホワイトボード用マーカーでイラストや文字をかきます。
3. 今日の予定を確認したあとに、パズルで学びます。

いるかどり先生からのアドバイス

✓ 登校から下校までの一日の時系列を並び替えることが難しい場合には、教材の左右にヒントとなるような色をつけたり、数字を書いたりします。毎日、授業は1時間目から始まることをストーリーカードを操作して学びます。また、時間割を帯状に組むと見通しがもちやすくなります。

応用編

28 わくわく！　予定づくり

今日やりたいことはなんだろう？　自分のやりたいことを考えて、どの時間割に入れようかなと考えるのは、楽しいことです。子どもたちと一緒に可能な範囲で実現できるように考えてみましょう。例えば、授業の最後の5分間に自分へのごほうびタイム（心理的な安定を図る）を設定し、その時間にやりたいことを考えます。

準備するもの
・ストーリーカード
・ホワイトボード用マーカー

2時間目の最後にはパズルをやりたいな

自己決定できるようになる

2. 心理的な安定 （2）状況の理解と変化への対応に関すること

29 事前に参加方法を確認する
行事の場所は見て確認

準備するもの：・活動する場所を確認できるプリント

本番に安心して臨める！

実際に歩いて見てみよう

困りごと ＆ アセスメント

Q 初めての行事でどこで何をするのかイメージをもつことが難しいです。どうすればよいでしょうか？

A 教室の中で学習するのであれば動画や写真、校庭や体育館などであれば実際にその場所に行って学習をしましょう。

実践の流れ

① 行事で活動する場所を確認します。
② 一緒にその場所へ行って周りを観察します。
③ 覚えやすいものを記憶できるように声をかけます。

いるかどり先生からのアドバイス

✓ 子どもたちに言葉だけで説明して理解してもらうよりも、ビデオや写真、実際に歩いてその場所に行ってみることで、より具体的にイメージすることができます。並ぶ位置であれば、「バスケットゴールが前に見えるね」「体育館の後ろのドアが見えるね」など、無くならない目印を覚えておきましょう。

応用編

30 昨年度は何をした？

見えないこと、分からないことがあると不安になります。初めての場所や初めての行事であれば、想像ができないので、余計に不安になってしまいます。そんなときには、昨年度のビデオを視聴したり、写真を見たりして、活動に見通しがもてるようにしましょう。また、水筒の場所、トイレの場所など、健康に関することはチェックしましょう。

準備するもの：・昨年度のビデオや写真

こちらが昨年度の様子です

やることをイメージできる

2. 心理的な安定 （2）状況の理解と変化への対応に関すること

31 落ち着いた気持ちで予定の変更をする
予定変更カード

準備するもの　・マグネット　・ホワイトボード　・画用紙

先生と一緒に予定変更を確認して安心できる！

「せいかつ」の予定変更カードを時間割に貼りながら、子どもと確認する

予定変更ボード

困りごと & アセスメント

Q 予定の変更があるとパニック！ どうすればいいのか分からなくなって立ち止まってしまう子がいます。

A まずは、予定の変更があったときには、どんな方法で確認や納得をすればよいのかを決めましょう。

実践の流れ

1. 予定表のそばに予定変更ボードを置きます。
2. 予定変更があったときには、予定変更カードを使います。
3. 落ち着きスペースで休んだり、活動に参加したりします。

いるかどり先生からのアドバイス

- 予定変更があったときに、自分は何をしたらいいのか分からなくて不安になる子、楽しみだった活動ができなくなって残念な気持ちの子、変更になったことにイライラする子など、子どもたちがどんな気持ちなのか、話を聞くことから改善・克服の方法を考えていきましょう。

応用編

32 or カード

子どもたちが楽しみにしている学習が天候に左右される場合には、朝のうちに予告をしておきましょう。例えば、適温であれば水泳指導、雨や猛暑であれば国語、など「orカード」を予定表に貼っておき、どちらになっても見通しがもてるように工夫をすることが大切です。マグネットにしておくと簡単に取り外しができます。

準備するもの：・or カード

天気によって予定が変わることが理解できる！

どっちになるかな

2. 心理的な安定 (3) 障害による学習上又は生活上の困難を改善・克服する意欲に関すること

33 失敗しても落ち着いて再チャレンジする
紙コップタワー

準備するもの：・紙コップ

単純なので気軽に失敗できて再チャレンジしやすい

たくさん失敗するうちに上手になったよ！

最初は5個くらいで十分

困りごと & アセスメント

Q 間違いをしたり、失敗をしたりするとすぐに「やりたくない！」と塞ぎ込んでしまう子がいます。

A 楽しいけれど、再チャレンジがしやすく、ルールが単純な紙コップタワーがおすすめです。

実践の流れ

❶ 紙コップを積むと高くなることを知ります。
❷ 個人、ペア、グループで紙コップを積んでいきます。
❸ 倒してしまったら、もう一度はじめから積んでいきます。

いるかどり先生からの アドバイス

✓ 失敗をしたくない子には、小さな失敗を乗り越える経験が大切です。教師や友だちと協力をしながら、今日より明日、明日より明後日の成長を感じることができるような学習を取り入れましょう。紙コップタワーでは、活動の度に紙コップを増やしていくことをおすすめします。

応用編

34 あなたは「許せる」？

自分と周りの人では、感じ方が違うということを学習します。学校生活の中で起きたことや想定できることを題材にしながら「自分だったらイライラするかな？」を考えます。友だちや教師にも気持ちがあることを知ります。気持ちよく過ごせる学級を作っていくためには、個人だけでなく学級のみんなで学習する授業を計画することも大切です。

準備するもの　・黒板　・子どもたちの名前カード

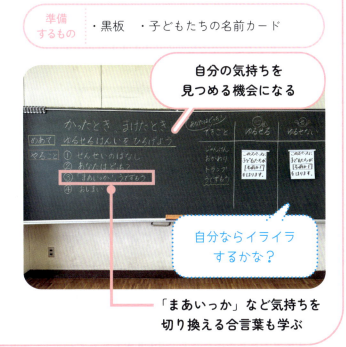

自分の気持ちを見つめる機会になる

自分ならイライラするかな？

「まあいっか」など気持ちを切り換える合言葉も学ぶ

2. 心理的な安定 （3）障害による学習上又は生活上の困難を改善・克服する意欲に関すること

35 色々なことに興味をもつ
ミックスカルタ

準備するもの　・イラストカード（同じ柄を2枚ずつ）

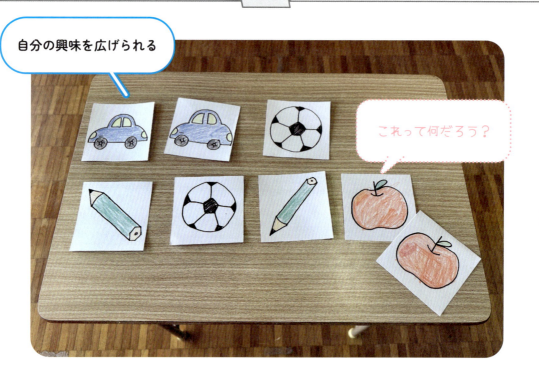

自分の興味を広げられる

これって何だろう？

困りごと & アセスメント

Q 自分の好きなことにしか興味がありません。本や教科書では興味を広げることが難しいようです。

A 神経衰弱のように記憶するゲームの中に、さまざまなイラストや情報を入れてみてはどうでしょうか？

実践の流れ

1. 全員に好きなものを聞きます。
2. 全員の好きなものでイラストカードを2枚ずつ作ります。
3. 神経衰弱で学びます。

いるかどり先生からのアドバイス

- ✓ 自分の好きなものが出てきたときには、その内容について説明する時間を設けてもコミュニケーションが広がります。
- ✓ 自分の好きなものを絶対に取りたい！　という子がいる場合は、一度だけ使えるチャンスカードをルールに加えるなど、学級の実態に合わせて柔軟にルール設定をしましょう。

応用編

36 二択で比べる「好きなもの」

自分の意思を伝えるときに、抽象的であると迷ってしまったり、イメージすることが難しくなってしまったりする子がいます。「何食べたい？」よりも「ラーメンとお寿司と焼肉ならどれがいい？」のほうが選びやすく、それよりも、「ラーメンとお寿司どっちがいい？」と二択にして質問をするほうが答えやすくなります。

準備するもの　・二択で選択できるカード

だんだんと意思表示できるようになる

どっちが好き？

3. 人間関係の形成 （1）他者とのかかわりの基礎に関すること

37 他者との信頼関係を構築する
あなたのことが大好きリスト

準備するもの　・必要に応じて大好きリストのワークシート

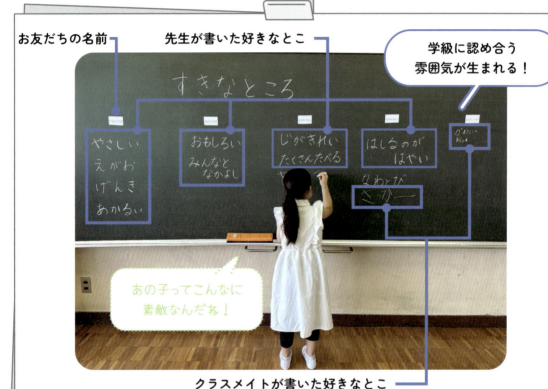

- お友だちの名前
- 先生が書いた好きなとこ
- 学級に認め合う雰囲気が生まれる！
- あの子ってこんなに素敵なんだね！
- クラスメイトが書いた好きなとこ

困りごと & アセスメント

Q 子どもたち同士が認め合おうとする雰囲気がありません。何から始めればよいのでしょうか？

A まずは、教師が子どもたちを認めていること、好きでいることを全面的にアピールしましょう。

実践の流れ

① 大好きリストを作成します。
② 好きなポイントを書いていきます。
③ 子どもたちと共有をして認め合います。

いるかどり先生からのアドバイス

- ✓ 大好きリストをいきなり全員分作るのは難しいです。毎日1人ずつ1個の大好きなことを書くことを続けていくと一年間でたくさんの好きがたまります。
- ✓ 子どもたちに相手の長所を見る発言が出てきたら、迷わずにその発言をリストに加えていきましょう。

応用編

38 今日のありがとうハート

誰かに感謝をするためには、誰かに感謝をされた経験が大切になってきます。教師が率先して、「〜をしてくれたから、〜になったよ。〜な気持ちだよ。ありがとう」と言動＋結果・価値＋気持ち＋感謝を合わせて伝えるようにします。教師に感謝されたことを家に帰って保護者とのコミュニケーションの話題にしてもらえるとさらに効果的です。

準備するもの：・好きな形の付箋

もって帰ると保護者にも学校のようすが伝わる

日直さんや出席番号順など感謝の気持ちを伝えていく

3. 人間関係の形成 （1）他者とのかかわりの基礎に関すること

39 自分にできるあいさつの方法を知る
いろいろな挨拶パターン

準備するもの　・名前カード　・挨拶のパターンのイラスト　など

困りごと ＆ アセスメント

Q 大きな声で挨拶ができない子がいます。どのように指導をすればよいのでしょうか？

A 大きな声を出すことが目的にならないことが重要です。それぞれのやりやすい挨拶パターンを見つけましょう。

実践の流れ

❶ どうして挨拶をするのか考えます。
❷ どういった挨拶であれば相手が嬉しいか考えます。
❸ 毎日、好きなパターンの挨拶をします。

いるかどり先生からのアドバイス

✓ 大きな声を出して挨拶をしなければならないと指導をしている学校を見かけます。大きな声を出すのではなく、相手の目を見ることや相手に聞こえる声で挨拶をすることなど、人間関係の形成をする第一歩だということを忘れずに指導をしましょう。ハイタッチやgoodサインなどできることから始めましょう。

応用編

40 これがわたしの「元気サイン」

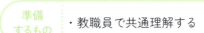

心身の健康状態を把握するために、挨拶はとても有効な手段でもあります。ピースやOKサインなど、教師に元気だよと伝えるサインを決めておくと声をかけやすくなります。また、礼儀としての挨拶もあります。「（職員室から出るときに）失礼しました」などの場面で、声を出さなくても伝えらえるサインを教職員で共通理解しておくことも大切です。

準備するもの　・教職員で共通理解する

（大丈夫だよ！オッケー！）

3. 人間関係の形成 （2）他者の意図や感情の理解に関すること

41 他者の気持ちを想像する
この顔はどんな気持ち？

準備するもの
・表情カード（教師の顔、イラストなど）

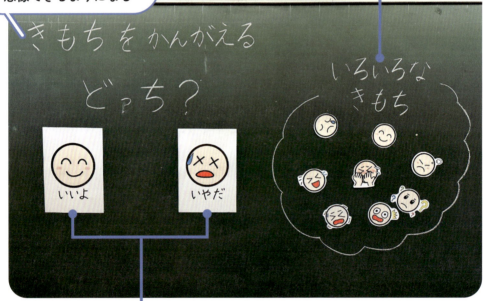

人の気持ちを想像できるようになる

最初は分けることから学習する

まずは二択からはじめる

困りごと & アセスメント

Q 相手の表情を見て気持ちを理解することが難しい子がいます。どのように指導すればよいでしょうか？

A まずは、「うれしい？」「おこってる？」など二択からはじめて、少しずつ感情と表情をリンクできるようにします。

実践の流れ

① 教師の顔で複数の表情を印刷します。
② 印刷した写真はラミネートをしてマグネットを貼り付けます。
③ 黒板に書かれた感情に合う写真を貼ります。

いるかどり先生からのアドバイス

✓ 子どもたちにとって一番身近な教師の顔を使った教材になります。イラストでは理解することが難しい場合には「実物→動画→写真→イラスト→音声＋文字→文字」のステップで学習を進めましょう。まずは、「うれしい」「おこっている」など、比較しやすい感情から学んでいきましょう。

応用編

42 表情カードでマッチング

「おこっている」＝「おこっている表情」のように文章と写真をマッチングできるようにします。文字を読むことができる場合は、文字を読むことができる強みをいかした教材を作成します。難しい場合には、イラストと写真をマッチングするなど、子どもたちの実態に合わせて教材を作成しましょう。

準備するもの ・表情カード

ゲーム感覚でできる

どんな気持ちかな？

3. 人間関係の形成 （2）他者の意図や感情の理解に関すること

43 場の空気を読む
自分や人が傷つく笑いはNG

準備するもの　・イラスト　など

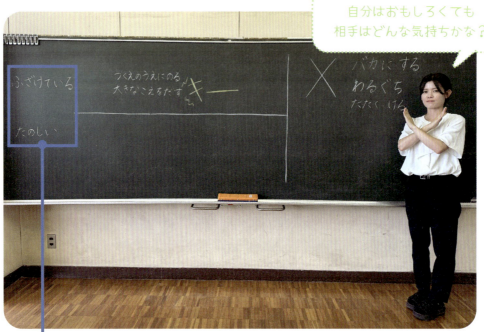

「ふざけてる」と「たのしい」の境界線を考える

自分はおもしろくても相手はどんな気持ちかな？

困りごと & アセスメント

Q 相手を非難して笑ったり、友だちが嫌がっているのにふざけるのをやめようとしません。

A 落ち着いて学習ができるときに、繰り返し、望ましい遊び方や相手の気持ちについて考えていきましょう。

実践の流れ

① 学校で見かけるシチュエーションを題材にします。
② 自分と相手の気持ちについて考えます。
③ 「楽しい」と「ふざけている」の境界線を引きます。

いるかどり先生からのアドバイス

✓ 楽しいことを楽しみすぎて、歯止めがきかなくなってしまう「ふざけている状態」になってしまうと周りが見えなくなってしまいます。落ち着いた気持ちで学習ができる時間に、楽しい様子とふざけている様子について比較をしましょう。そして、授業で学んだことを休み時間などで声かけしていきましょう。

応用編

44 じーっと見つめて、どっちかな？

相手が何を意図しているのかを察する力を育てるためには、相手を観察することから始めましょう。「じーっと見つめて、どっちかな」の学習では、「りんご」と「バナナ」のように２つの教材を置きます。そのどちらか一つを教師が見つめます。子どもたちは、教師が見ているほうを選びます。最初はジェスチャーや表情を豊かにすると分かりやすくなります。

準備するもの　・お題となる写真やものなど

人の表情を読みとるトレーニング

じーっと見ているのはどっちかな？

3. 人間関係の形成 （3）自己の理解と行動の調整に関すること

45 自分のよさを理解する
自分の「強み」シート

準備するもの：・ワークシート

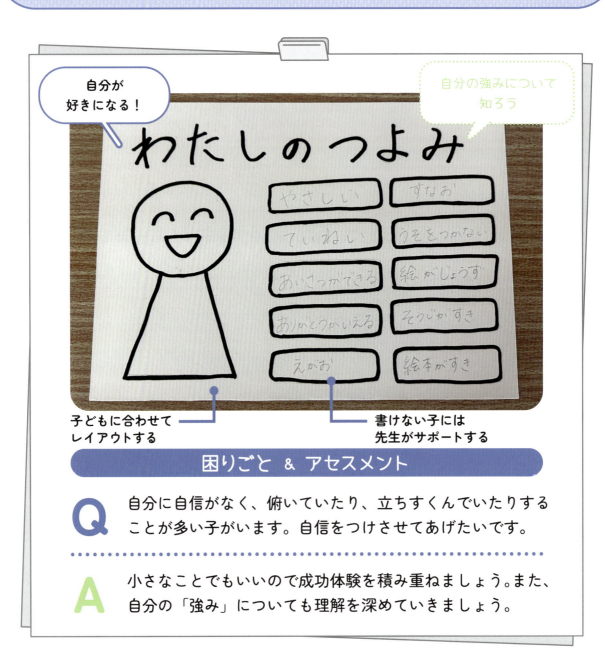

自分が好きになる！

自分の強みについて知ろう

子どもに合わせてレイアウトする

書けない子には先生がサポートする

困りごと & アセスメント

Q 自分に自信がなく、俯いていたり、立ちすくんでいたりすることが多い子がいます。自信をつけさせてあげたいです。

A 小さなことでもいいので成功体験を積み重ねましょう。また、自分の「強み」についても理解を深めていきましょう。

実践の流れ

① 「強み」について知ります。
② ワークシートに記入します。
③ 教師が一人ひとりの「強み」を認め、それぞれをほめます。

いるかどり先生からの アドバイス

✓ 生きていく上で一番大切な力は「自分を好きだと思える力」です。どんなときでも、自分を大切にできる心をもつことができるように、自分の強みに気づけるような学習を取り入れましょう。強みとは、好きなこと、得意なこと、できること、知っていることなどがあります。

応用編

46 こんなときどうする?

学校生活では、さまざまな場面に遭遇します。「1年生が迷子になっていた」「大きなゴミ袋を運んでいる子がいる」など、そういった場面に遭遇したときに「自分ならどうするだろう」ということを考えます。そのときの時間や状況によって対応方法は変化します。柔軟に、様々なパターンを想像していくことで、一般化を目指します。

準備するもの ・ワークシート

自分の可能性を広げられる！

自分にできることを考えてみる

3. 人間関係の形成 （3）自己の理解と行動の調整に関すること

47 行動の調整
感覚刺激で安心

準備するもの　・感覚刺激教材

刺激があることで落ち着ける子もいる！

ムニムニして安心

100円ショップなどでも入手できる

困りごと & アセスメント

Q 授業中に落ち着かない子がいます。最初はソワソワしているだけなのですが、だんだんと立ち歩きなどが激しくなります。

A もしも、自分で自分に感覚刺激を与えることで落ち着くことができるのであれば、好みのグッズを取り入れてみましょう。

実践の流れ

① 教材を触っていたり、教材を踏んでいたりすると安心するかを一人ひとり確認します。
② 学級全体で教材について理解をして使用を開始します。

いるかどり先生からのアドバイス

✓ 触覚に刺激を与えることで、リラックスできることがあります。ぷにぷにしていたり、ざらざらしていたり、その子によって好みがあると思いますので、本人や保護者と相談をしながら感覚刺激グッズを取り入れてみましょう。イライラやソワソワが爆発する前に、予防として効果的です。

応用編

48 大好きな先生とハイタッチ

教材だけでなく「人」であっても効果的なことがあります。例えば、落ちつかないときには、校長先生にハイタッチしてから戻ってくるのはどうでしょう？「大好きな先生に会う」「立ち歩くことで落ちつく」などで安心感を得ることができる子もいます。教室内から学校全体に視野を広げることも大切です。落ち着いているときに予防的指導をしましょう。

準備するもの ・事前に教職員で共通理解をする

ちょっとしたことで安心できる子も！

教室に戻れるかな

3. 人間関係の形成 （4）集団への参加の基礎に関すること

49 集団活動に参加する
ルール札

準備するもの：・守るルールの札

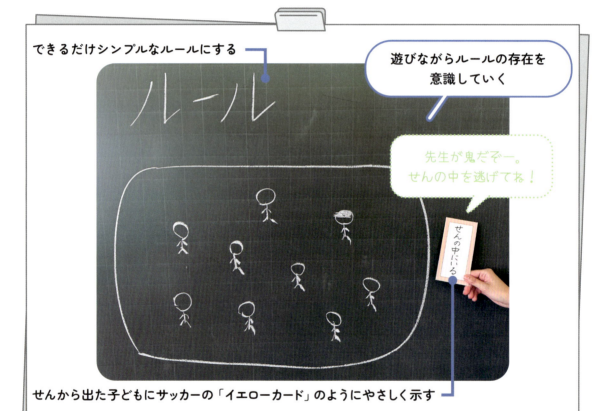

できるだけシンプルなルールにする

遊びながらルールの存在を意識していく

先生が鬼だぞー。せんの中を逃げてね！

せんから出た子どもにサッカーの「イエローカード」のようにやさしく示す

困りごと ＆ アセスメント

Q ルールを守って遊ぶことが難しい子がいます。どのように指導をすればよいのでしょうか？

A ルールを守って遊ぶと楽しかった経験、守るルールを明確にすることを心がけて、授業を計画しましょう。

実践の流れ

1. ルールの札に守るルールを一つ書きます。
2. 教師 対 子どもになるようにゲームを楽しみます（教師が負ける）。
3. ルールを守れたことを評価します。

いるかどり先生からのアドバイス

- ルールを守ることで楽しかった！ 勝って嬉しかった！ という経験を積み重ねることで、少しずつルールを守ることの大切さを学んでいきます。順番待ちであれば、順番を抜かしたことへの事後指導よりも、「ブランコの順番を待てたら乗れたね」という経験を積めるように、楽しく待てる予防的指導を大切にしましょう。

応用編

50 わたしの線みーつけた

集団生活の中では、順番に並んで話を聞くといった「並ぶ」「その場に立つ・座る」「指定された時間、その場にいる」といった場面があります。教室のように椅子や机がない体育館や校庭では、持ち運びができたり、即席で作成できるようなテープやラインなどで、その子の位置を明確にしましょう。写真は、自分の線を見つけるゲームです。

準備するもの ・ビニールテープなど

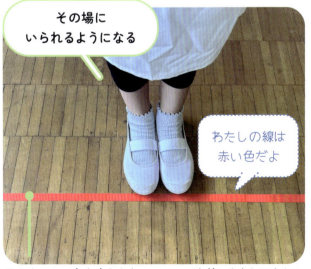

その場にいられるようになる

わたしの線は赤い色だよ

子どもごとに色を変えたりフラフープを使ったりしてもよい

3. 人間関係の形成 （4）集団への参加の基礎に関すること

51 友だちと一緒に遊ぶ
YES or NO ハンカチ

準備するもの
・○や×の気持ちを表現できるデザインのハンカチなど

○（いいよのマーク）

一緒に遊ぼう

しゃべるのが苦手でもコミュニケーションできる！

ハンカチの○か×を指さして意思表示

困りごと ＆ アセスメント

Q 発声は難しいですが、指差しはできる子がいます。子どもたち同士で遊ぶときに誘い合える指導を考えています。

A 指差しができるという強みを活かした教材と指導をしましょう。まずは、○か×かの二択から指導をしましょう。

実践の流れ

❶ ○や音符のマークは「はい」「いいよ」「YES」、×や雨のマークは「いいえ」「できない」「NO」などの意味を教師や子どもたちと共通理解します。

いるかどり先生からの アドバイス

✓ 指差しを使うときには、文字とマークが一緒になっているものを選ぶと誰にとっても理解がしやすくなります。手作りすることが難しいときには、好きなキャラクターがデザインされているハンカチなどを用意しましょう。「×」が強く否定されて感じることのないように事前指導をしましょう。

応用編

52 先生と遊べる予約チケット

休み時間は教師と一緒に遊びたいと願う子どもたちはたくさんいます。わたしたち教師にとっても、子どもたちと一緒に遊ぶことは、「洞察」につながる重要な時間でもあります。しかし、身体は一つしかありません。また、遊びに誘うことが苦手な子がいるかもしれません。そんなときには、全員に予約制のチケットを配布してみましょう。

準備するもの ・チケット

教師も遊んでない子どもを把握しやすくなる

一緒に遊びたいと先生に伝えやすい

じゃあ次の休み時間に遊ぼうね

健康の保持

心理的な安定

人間関係の形成

環境の把握

身体の動き

コミュニケーション

57

4. 環境の把握 （1）保有する感覚の活用に関すること

53 話を最後まで聞く力をつける
にんじゃとにんぎょ

準備するもの：・ラバーリング

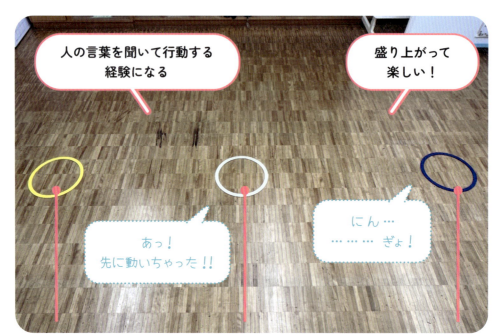

- 人の言葉を聞いて行動する経験になる
- 盛り上がって楽しい！
- あっ！先に動いちゃった!!
- にん……………ぎょ！
- 「にんじゃ」と言われたらこっちへ移動
- スタート位置
- 「にんぎょ」と言われたらこっちへ移動

困りごと ＆ アセスメント

Q 話を最後まで聞き続けることが苦手で、指示の聞きもらしや話し途中で行動に移してしまうことがあります。

A 話を最後まで意識して聞くことや、最後まで聞いてはじめて行動できることを体感する活動はいかがでしょう。

実践の流れ

① ラバーリングをセットします（左右と中央）。
② 中央に立ち、授業者の指示を聞きます。
③ 「にんじゃ」は黄のリング、「にんぎょ」は青のリングというように、指示されたほうに移動します（②③を繰り返します）。

いるかどり先生からのアドバイス

- スピードを変えてみたり、間をあけてみたり、「にん……」と迷うようにためてみたりと、子どもの実態に応じてバリエーションをつけ、楽しく取り組みましょう。
- 「ホーム（戻る）」のように、元の位置に戻る指示を予め決めておくとよいです。

応用編

54 聞いてね！ グーチーパー

指示を注意して聞くこと、聞いた指示を一時的に覚えること、覚えた指示通りに身体を動かすことを目的とした活動です。グーチョキパーの中から、5つランダムに指示を出します（子どもの実態に応じて並びや指示数、スピードを調整）。指示通りテンポよく動けるとよりよいです。

準備するもの ・じゃんけんカード

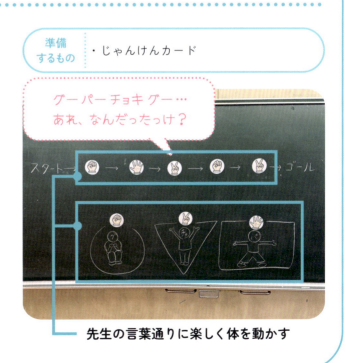

先生の言葉通りに楽しく体を動かす

4. 環境の把握 （1）保有する感覚の活用に関すること

55 感覚の統合
ボールスライダーで絶好調

準備するもの
- プールスティック　・ボールプール用ボール
- マット

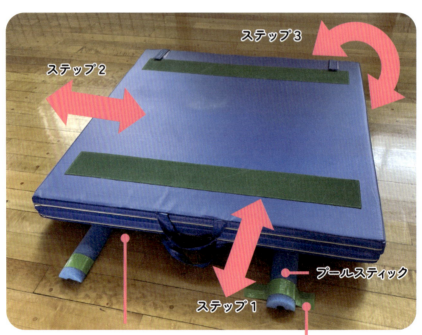

ステップ3
ステップ2
ステップ1
プールスティック
マットの下全面にボールを敷き詰める　　固定する

困りごと ＆ アセスメント

Q 力の加減がうまくできなくて、突然友だちをたたいてしまう子がいます。

A 強めの固有感覚刺激が入る遊びや、楽しみながらいろいろな感覚を経験できる遊びを取り入れてみましょう。

実践の流れ

1. マットの真ん中にお尻をついて座り、取っ手を持ちます。
2. 安全に最大限気をつけ、子どもの実態に合わせステップ1か2の向きでマットを前後に押してボール上を滑らせます。
3. ステップ1、2がクリアできたらステップ3のようにマットを時計回りや反時計回りに回転させます。

いるかどり先生からのアドバイス

- スピード感のある乗り物で感覚刺激を入れることを好む子どもたちがいます。マットややわらかいボールなど安全に取り組むことができる教材で、楽しく感覚刺激を入れていきましょう。子どもたちと相談をしながら、スピードや回数を調整しましょう。事例56のボールシャワーはたくさんのボールに包まれて気持ちがよい活動です。

応用編

56 わくわくスライダーとボールシャワー

活動に慣れてきたら、友だち同士でマットや段ボール箱を押し合う活動や、頭上からボールのシャワーを掛け合う活動をしてみましょう。どちらも相手の様子を見ながら活動するように働きかけ、押す力やボールをかける勢いを調整して活動するようにします。もちろん最後は、みんなでボールを集めて片付けるという協働作業を行います。

準備するもの：・段ボール箱　・ボールプール用ボール

ボールのシャワーだ！

子どもたちが大好き！

4. 環境の把握 （2）感覚や認知の特性についての理解と対応に関すること

57 自分の保有する感覚を知る
感覚メーター

準備するもの　・ワークシート

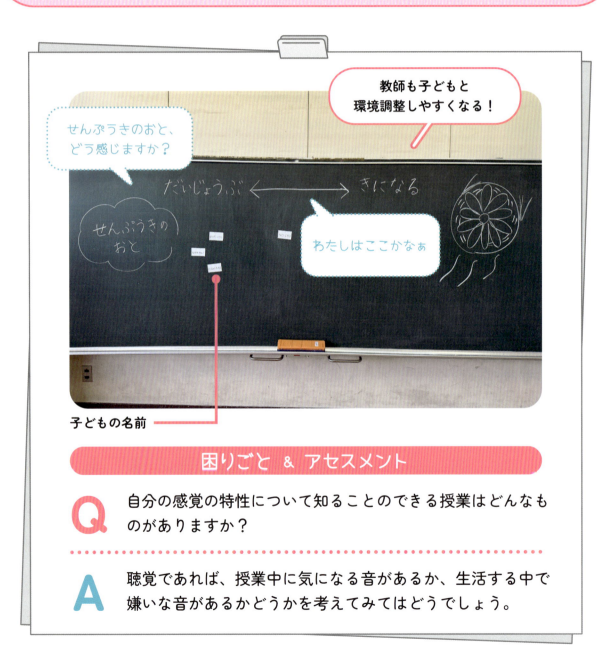

困りごと ＆ アセスメント

Q 自分の感覚の特性について知ることのできる授業はどんなものがありますか？

A 聴覚であれば、授業中に気になる音があるか、生活する中で嫌いな音があるかどうかを考えてみてはどうでしょう。

> 実践の流れ

❶ 授業中に気になってしまうことを板書していきます。
❷ グラフやメーターなどで、どれくらい気になるか視覚化します。
❸ 自分の感覚メーターが完成します。

いるかどり先生からの アドバイス

✓ 普段生活していると、当たり前のように聞こえている「音」ですが、自分がどんな音が不快で、どんな音が心地よいのか、考えてみることは大切なことです。正解・不正解はない学習になりますので、それぞれの保有する感覚について、認め合える雰囲気を大切にしていきましょう。

応用編

58 透明感覚袋

ブラックボックス（中身が何か分からない）は、ドキドキ感を味わえて楽しいかもしれませんが、今回紹介する学習は、自分の好きな感覚を知ることです。ツルツルした感覚、ふわふわした感覚など、様々な素材を用意して触ってみましょう。苦手そうな素材や不安を感じるときには、無理をして触る必要はありません。

準備するもの　・透明のケースや袋　・砂やスライムなど

いろんな感覚を知る！

ザラザラしていて気持ちいいな

4. 環境の把握 (4) 感覚を総合的に活用した周囲の状況についての把握と状況に応じた行動に関すること

59 ボディイメージを高める サーキット運動

準備するもの　・マット　・フラフープ　・スポンジボールなど

夢中になりすぎるので時間や回数を決めるのがコツ

困りごと ＆ アセスメント

Q サーキット学習をしたいのですが、時間はどのように設定すればよいでしょうか？

A 子どもたちと相談をしながら、時間もしくは回数を決めたり、活動を区切ったりしながら取り組みましょう。

> **実践の流れ**

① 一つひとつの動きを確認します。
② 教師が見本を示します。
③ 時間や回数を決めてサーキット運動をします。

いるかどり先生からの アドバイス

✓ 子どもたちと相談をしながら授業を作っていくことはとても大切なことです。グループ分けをしてローテーションにしたり、静的な運動と動的な運動を交互に行えるようにしたり、準備や片付けも子どもたちと行うなど、実態に応じて計画をしていきましょう。待ち時間が少なくなるようにしましょう。

応用編

60 聞いてみてキャッチ！

ひもの片側を壁に貼ります。反対側を教師が持ちます。ひもにトイレットペーパーの芯を通しておきます。ロケットが発射されるようにトイレットペーパーの芯を投げます。子どもたちは手でキャッチをします。子どもたちがとりやすいように、「さん、に、いち、キャッチ」など言葉を決めて楽しみましょう。

準備するもの ・ひも ・トイレットペーパーの芯

ビューン

3・2・1・キャッチ！

4. 環境の把握 （5）認知や行動の手掛かりとなる概念の形成に関すること

61 音を身体で感じる
ラダーでドレミ

準備するもの： ・ラダー ・ドレミカード（音名）

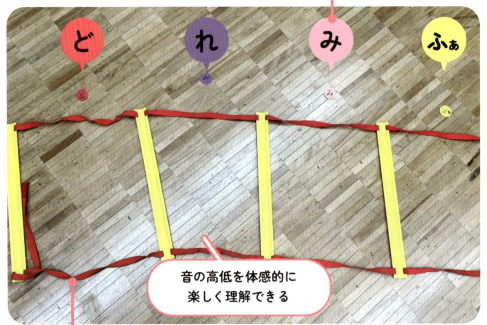

並べる準備を一緒にするのもよい

音の高低を体感的に楽しく理解できる

例えば先生が「どれみふぁ」と言ったらその順でマスを踏んでいく

困りごと & アセスメント

Q けんばんハーモニカを使うときに、音の高低と位置関係が分からず、どこを押さえたらよいか分からなくなっています。

A 音の高低と位置関係を、体感的に理解する活動はいかがでしょうか。

実践の流れ

① ラダーを広げ1マスに対し1音のカードを横に並べます。
② 音名で歌って、旋律を一緒に確かめます。
③ 音名のマスを踏むように、歌に合わせてステップします。

いるかどり先生からのアドバイス

- けんばんハーモニカは平行移動です。その前準備の活動としてラダーがおすすめです。自分がけんばんハーモニカ上に立っているイメージで取り組むと、より楽しく活動できます。
- 初めは、隣り合った音への移動が多いものが取り組みやすいです。慣れてくると、音と音をジャンプするのも楽しいです。

応用編

62 ドレミタワー

音の高低を体感するのに効果的です。事例61実践の流れ②にもぴったりです。基準のド（ホームトーン）は両手を太ももへ、高いドは両手を挙げます。ドからドまでの腕の可動域を6分割した位置がレからシです。音名での歌に合わせて、腕を音の位置に動かします。慣れてきたら、スピードを上げると楽しめます。マネっこ遊びから始めましょう。

準備するもの
・ドレミカード（音名）

腕はまっすぐ、ピンと前に出して

音に合わせて腕の高さを上げ下げする

4. 環境の把握 （5）認知や行動の手掛かりとなる概念の形成に関すること

63 漢字を部分でとらえる
ばらばら漢字パズル

準備するもの　・漢字カード　・太めのペン　・ハサミ

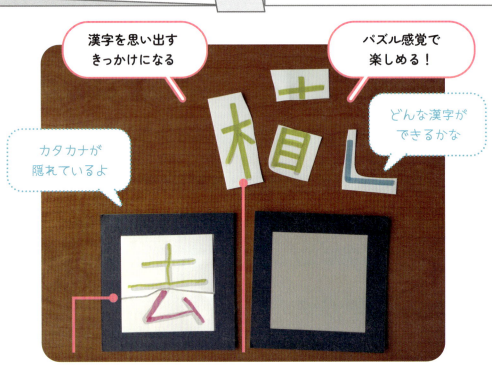

子どもが漢字を見て知ってる文字を見つけて色分けし、切り離す

困りごと ＆ アセスメント

Q 漢字を視写すると、画数を間違えたり、形が変わったりしてしまう子がいます。

A 一つの漢字を、既習の文字の集まりととらえて覚えられるように、色分けしてパズルにしてみましょう。

実践の流れ

❶ 一つの漢字から、知っている文字を見つけて色分けします。
❷ 見つけた文字ごとに、ハサミで切り分けます。
❸ パズルにして組み立て、読みを確認します。

いるかどり先生からの アドバイス

☑ 色分けする際のペンは、持ち手が太いと書きづらいことがあります。そのため、ペン先だけ太いペンを使用するとよいでしょう。
☑ パズルを組み立てる際は、枠があると組み立てやすいでしょう。画用紙をくり抜くだけで十分枠になります。

応用編

64 見つけた文字を集めてみよう

掲示物などで既習のカタカナや漢字を見つけたら、紙テープにつなげていきます。どんどん長くなるカードに達成感を感じるとともに、よく出てくるカタカナや漢字に気づくことができます。3年生以上のお子さんであれば、部首として見つけることもできます。パズルを作らなくても、部分に分けてとらえることが目標です。

準備するもの：・画用紙　・紙テープ

よく使う字に気づける！

どんどん増えると達成感を得られる

69

4. 環境の把握 （5）認知や行動の手掛かりとなる概念の形成に関すること

65 同じ形を見つけて読む
ローマ字マッチング

準備するもの　・ペットボトルキャップ　・丸シール　・五十音表

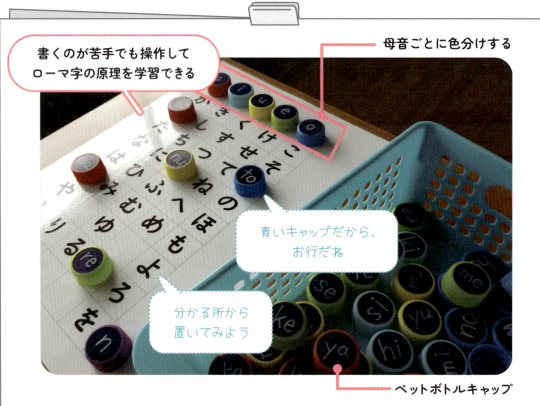

- 書くのが苦手でも操作してローマ字の原理を学習できる
- 母音ごとに色分けする
- 青いキャップだから、お行だね
- 分かる所から置いてみよう
- ペットボトルキャップ

困りごと & アセスメント

 ローマ字を読んだり、書いたりすることが難しい子がいます。

 母音と子音の組み合わせであることを、色で理解できるようにして、並べながら覚えられるようにしてみましょう。

実践の流れ

① 母音の色（5色）と子音の文字を確認します。
② 色と子音をよく見ながら、表のひらがなの上に置いていきます。
③ 指差しながら、声に出して読みます。

いるかどり先生からのアドバイス

- すべてを自分の力でマッチングすることが難しい場合は、「まず母音だけマッチング」「ア行だけマッチング」「その他をマッチング」など、段階をつけるとよいでしょう。
- 段々上手になってきたら、タイムを計るのもおすすめです。

応用編

66 ゴロ合わせローマ字チャレンジ

ｂとｄとｐ、ｈとｎなど、判別にしくい文字は、取り出して練習します。「ｂａは丸いところが向き合って"ばーん"とぶつかるから"ば"」などエピソードで記憶するのもよいでしょう。苦手なカードを並べて、聞こえた音のカードをカルタのようにタッチします。ゲーム感覚で楽しみながら、正しい形を認識して読みを覚えられるよう支援します。

準備するもの：・苦手なローマ字のカード

paは風船がぶつかって"ぱーん"と割れるから"ぱ"だね

エピソードで覚えられる！

4. 環境の把握 （5）認知や行動の手掛かりとなる概念の形成に関すること

67 力を調整して体を動かす
タオルで風船ぽんぽん

準備するもの　・タオル　・水入りペットボトル　・風船

「固有覚」に刺激を入れる

腕を広げると風船がとぶよ

上にポーンとはね上げて、タオルから手をはなし、落ちてくるボールをキャッチする

困りごと & アセスメント

Q 力加減が難しい子がいます。わざとじゃないのに強く叩いてしまいます（友だちを呼びたかっただけ）。

A 重たいものを運んだり、軽いものを運んだり、力の加減を体感できるような活動を取り入れてみましょう。

実践の流れ

1. タオルに水入りペットボトルを乗せて持ち上げます。（重いを体感）
2. タオルに風船を置いて持ち上げます。（軽いを実感）
3. タオルで風船を上に飛ばして手でキャッチをします。

いるかどり先生からのアドバイス

- ✓ 風船を目で追いかけることで眼球運動を行い、両腕を動かしてタオルを操作することでボディイメージや視空間認知を高めることを目指した学習です。
- ✓ ペットボトルやバスケットボールなど重たいものを持ち上げたり、運んだりすることで力加減を調整することを学びます。

応用編

68 スピードカラーマーチング

軽いボールは、平らな床の上では、少し力が加わっただけで、コロコロと転がってしまいます。その現象を利用して、ゲームの中で楽しく力の調節を学びます。ボールを色分けするだけですが、制限時間を設定して、できるだけ素早く動きます。しかも、ボールが枠の中に収まるようにやさしく置く力が求められます。

準備するもの　・ビニールテープ　・カラーボール

力の調節を学べる

素早く！やさしく！

4. 環境の把握 （5）認知や行動の手掛かりとなる概念の形成に関すること

69 抽象的な概念を学ぶ
グループづくり

準備するもの ・イラストカード

好きなものを
とっかかりにしていく

乗り物グループが
好き

どうぶつ

のりもの

なき声や音などを口にしながら分類していくとより覚えやすい

困りごと ＆ アセスメント

Q 抽象的な言葉の理解が難しいです。トラクターやバスなど好きなものの名前は覚えることができています。

A まずは、興味のあるものや好きなものの名前をたくさん覚えることができるように環境を整えましょう。

> 実践の流れ

① 子どもたちの覚えているものを把握します。
② 覚えているものをイラストに描いてカードを作ります。
③ 動物や乗り物など、グループ分けをします。

いるかどり先生からのアドバイス

✓ まずは、好きなものをたくさん覚えることから始めましょう。語彙が増えてきたら、「食べられる」「食べられない」など、生活に直結するような題材からグループ分けを進めて「食べ物」などの言葉を覚えることができるように進めていきましょう。

応用編

70 どちらが「きちんと」している?

「しっかり」「ちゃんと」「きちんと」わたしたちが生活の中でついつい使ってしまう言葉は、実は、抽象的で子どもたちに分かりにくい指示となっています。例えば、「きちんと片付けてください」の指示であれば、片付けの様子を比較できる写真などを見比べるなどして、抽象的な言葉への意味理解を深めていきましょう。

準備するもの：・片付けてほしい場所などの写真

「きちんと」ってどっちのこと？

最後に子どもが片づける

抽象を具体化する

4. 環境の把握 （5）認知や行動の手掛かりとなる概念の形成に関すること

71 時間に自分で気づく工夫をする
教室でタイマーを使う

準備するもの　・タイムタイマー　・タブレット

アラーム機能も便利だね

困りごと & アセスメント

Q 残り時間を確認したいのですが、ストップウォッチやタイムタイマーを使用してもよいのでしょうか？

A カウントダウンのような時間の経過がストレスになる子がいなければ使用して大丈夫だと思います。

実践の流れ

❶ 子どもたちにタイマーの紹介や使用用途を説明します。
❷ 音の大きさなどを確認します。
❸ 学校生活の中で使用します。

いるかどり先生からのアドバイス

✓ ストップウォッチやタイムタイマーはカウントダウンのように時間が減っていきます。それがストレスとなり焦ってしまう子もいるので、学級全体に確認をしましょう。近年では、全員がタブレットを使用できる環境にあるので、アラーム機能を自分にだけ聞こえる音量で設定するのも効果的です。

応用編

72 自分に合ったタイマーを選ぶ

音が鳴るタイマーの他にも、光で知らせてくれるタイマーもあります。聴覚刺激に敏感な子に配慮することもできます。また、狭い教室などでは、人や物との距離が近くなり、音が大きく聞こえやすいので、音の出ないタイマーは有効です。設定によっては、光と音の両方で知らせてくれるタイマーもあります。

準備するもの ・光タイマーなど

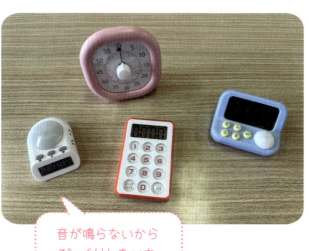

音が鳴らないからびっくりしないね

4. 環境の把握 （5）認知や行動の手掛かりとなる概念の形成に関すること

73 見通しをもつ「かちとる」じゃんけん

準備するもの
・マグネットつきカード

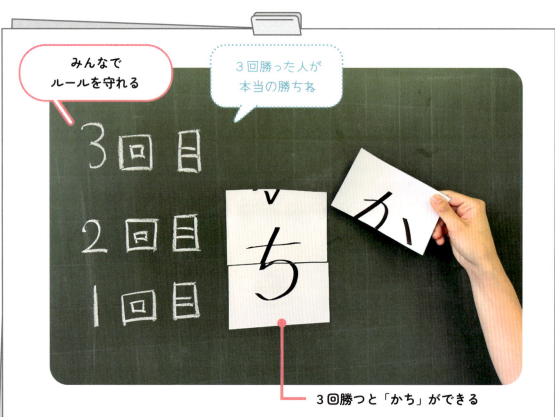

みんなでルールを守れる

3回勝った人が本当の勝ちね

3回勝つと「かち」ができる

困りごと ＆ アセスメント

Q 複数回勝負のじゃんけんでいつも揉めてしまいます。じゃんけんの勝敗を覚えておくことが難しいようです。

A じゃんけんは白熱しますよね。マグネットつきカードを操作するなど、記憶を支援できるような教材を使用してみましょう。

実践の流れ

① じゃんけんに勝ったらマグネットつきカードを置きます。
② 3枚のカードが集まったら、その試合に勝ちます。
③ カードの数を確認して勝敗を決めます。

いるかどり先生からのアドバイス

✓ 楽しいときや興奮しているときは勝敗を忘れやすくなってしまいます。また、右手でじゃんけんをしているときに左手で数えていたつもりが、いつの間にかグーになっていて分からなくなってしまったということもあります。子どもたちが楽しめるように記憶保持を支援しましょう。

応用編

74 あとだしじゃんけん

わたしたちは、脳で考えて体を動かしています。下記のルールでは、じゃんけんに指示を加えることで、脳の情報処理をフル活用することができるのでおすすめです。リズムよく行うことが大切です。

指示：負けてください
①全員「あとだしじゃんけんじゃんけん」
②教師「ぽん」
③子ども「ぽん」

準備するもの ・ルールを掲示したもの（板書など）

次は負けてください

思考がフル回転！

79

4. 環境の把握 （5）認知や行動の手掛かりとなる概念の形成に関すること

75 指示を守って行動する
お宝順番BOX

準備するもの
・鍵と鍵のかかる箱複数個

困りごと ＆ アセスメント

Q 説明書を読んで学習をしたり、説明文を読んで解答することが難しいです。

A 指示をシンプルにして楽しく学びましょう。数字や色など子どもたちが理解できる指示から始めましょう。

実践の流れ

① 1から10の数字の順番を確認します。
② 10の鍵は9へ。9の鍵は8へ。と鍵を入れます。
③ 子どもたちは1から順番に開けていきます。

いるかどり先生からの アドバイス

✓ 指示が長くなればなるほど、記憶を保持したり、読解したりすることが難しくなります。そのため、シンプルな指示で学習ができることが望ましいです。今回の事例では、数字が理解できるという強みをいかした学習をしました。10番の箱を開けると学級レクカードのお宝をGETすることができます。

応用編

76 隣の色は違う色！ 4色ぬりえ問題

4色の色を使って塗り絵をします。しかし、4色しか使用することができません。「隣は違う色」という指示を守りながら色塗りをします。頭の中で指示を保持しながら、指示を守って手を動かします。最初は、マス目を少なくしたり、色を5色から取り組んでみると難易度を調整することができます。曲線は「隣」を見分けることが難しいです。

準備するもの　・ぬりえ　・色鉛筆

5. 身体の動き （1）姿勢と運動・動作の基本的技能に関すること

77 リズムに合わせて運動する
みんなでリズムジャンプ

準備するもの
・ライン（厚さ約1cm、長さ約6mのマットなど）
・ビートの強い曲　・音響機器（音源とスピーカーなど）

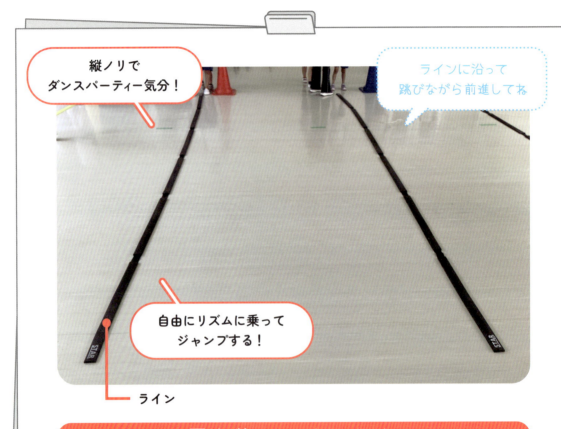

縦ノリでダンスパーティー気分！

ラインに沿って跳びながら前進してね

自由にリズムに乗ってジャンプする！

ライン

困りごと ＆ アセスメント

Q 歩く、走る、跳ぶなど、基本的な身体の動きにぎこちなさがある、運動が苦手な子がいます。

A 身体を動かすタイミングがとれるように、曲のリズムに合わせて、楽しみながらたくさんジャンプをしてみましょう。

実践の流れ

① 音楽をよく聞いて、曲のリズムを感じます。
② 合図に合わせてスタートします。
③ ラインを踏まないように、跳びながら前進します。

いるかどり先生からのアドバイス

☑ 校庭や体育館まで移動をすると、移動、準備、片付けに時間がとられてしまいます。室内でできる運動を授業に取り入れることができれば、活動時間が長くなるのでおすすめです。
☑ ラインに立体的な教材を使用することで、飛び越える位置が分かりやすくなります。様々なジャンプに挑戦してみましょう。

応用編

78 いろいろなジャンプにチャレンジ

曲のビートに合わせて最初は足じゃんけんの「パー」の足で両足ジャンプしながら前進します。基本のジャンプ20種類に挑戦してみましょう。コツは楽しんでジャンプすること。はじめのうちはできなくても少しずつ脳が活性化することでリズムがとれるようになったり、縦の動き、横の動きができるようになったりします。

準備するもの ・ライン ・曲 ・音響機器

ジャンプは楽しい！

子どもの実態に応じて自由にジャンプ！

5. 身体の動き （1）姿勢と運動・動作の基本的技能に関すること

79 姿勢保持① 姿勢を意識する

準備するもの：・バランスディスク

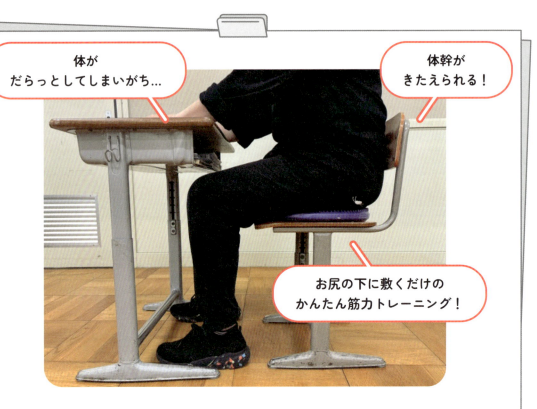

- 体がだらっとしてしまいがち…
- 体幹がきたえられる！
- お尻の下に敷くだけのかんたん筋力トレーニング！

困りごと ＆ アセスメント

Q 椅子に座ったときに姿勢が保つことができずに崩れてしまいます。

A バランスディスクを座布団のように置いてみましょう。不安定になることで自然とバランスを取ろうとします。

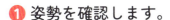

実践の流れ

❶ 姿勢を確認します。
❷ 椅子の座面にバランスディスクを置いて座ります。
❸ デコボコとツルツルどちらの面でも OK です。

いるかどり先生からのアドバイス

☑ 不安定になることで自然と体が姿勢を戻そうとします。また、椅子に座ってじっとしていることが苦手な子どもも、座り心地が不安定になることにより、逆に落ち着くことがあります。

応用編

80 グラグラトレーニング

不安定な場所の上に立つと自然と体が立つようになってきます。ちょっとした時間で取り組むことができます。
手順は下記の通りです。
①手を繋いで立ってみる
②一人で立ってみる
③立った状態でキャッチボールなど
④片足で立ってみる
友だちや先生と楽しみながらトレーニングができます。

準備するもの ・バランスディスク ・ボール

隙間時間で取り組める！

5. 身体の動き （2）姿勢保持と運動・動作の補助的手段の活用に関すること

81 姿勢保持②
1日5分運動！UP to YOU

準備するもの　・スクリーン　・ヨガマット（体育マットなど）

「体育」だとやらされているという気分になることもあるので、自由に自分のできる範囲で体を動かすことを意識させる

ゆっくり呼吸してね

プロジェクターを使えば教師は支援者になれる

困りごと ＆ アセスメント

Q いろいろな補助具を使ってみましたが、姿勢を維持することが難しいです。体が曲がってしまいます。

A 心身が疲れやすいのかもしれません。リラックスしながら、体を伸ばしたり、鍛えたりできるような運動をしましょう。

> **実践の流れ**

① スクリーンで見本を流します。
② 子どもたちがスクリーンを見て運動をします。
③ 教師は、子どもたちを支援します。

いるかどり先生からの アドバイス

☑ 姿勢が崩れてしまう要因の一つに、体幹や筋肉など、体に関することが考えられます。その場合、物的環境調整をすることで一時的な改善は見られるかもしれませんが、根本的な改善とは言えません。過激な運動は継続することが難しいので、スモールステップで継続できるように取り組んでみましょう。

応用編

82 机や椅子は「自分サイズ」に

姿勢を保持することが難しい場合には、机の高さ、机の角度、椅子の高さなどに注目してみることも大切です。学年によって机を振り分けるのではなく、身長や体重、骨格などに合わせて、学校にある机や椅子で調節しましょう。一日で数時間着席している場所ですので、定期的に見直しをしつつ、学習しやすい机と椅子を維持しましょう。

準備するもの：・本人の机や椅子

自分で確認することが大切！

5. 身体の動き （2）姿勢保持と運動・動作の補助的手段の活用に関すること

83 補助具の整理整頓
使わないときはどうする？

準備するもの　・収納する袋やケース

片付ける場所を決めておこう

子どもが自己管理すれば好きなときに使えるようになる

困りごと ＆ アセスメント

Q 補助具を使用しないときはどうしていますか？ 教師が預かっていますか？

A 子どもたちが自分で取り扱うことができるのであれば、自己管理できるように収納場所を決めましょう。

実践の流れ

❶ イヤーマフなどを使用します。
❷ 収納袋にしまって、机の横にかけます。
❸ ランドセルにしまって毎日持ち帰ります。

いるかどり先生からのアドバイス

✓ 補助具を使用するときには、使い方を指導することはもちろん大切ですが、使い終わったあとにどのように収納するのかを伝えることも大切です。お道具箱の中、机の横など、着席している側に収納することができたら、取り出すこともスムーズになるので、おすすめです。

応用編

84 透明お道具袋ですっきり収納

地域によって、お道具箱を使用している学校とお道具袋を使用している学校があります。どちらにもメリットがあるので、必要に応じて両方使うなど、子どもたちが自分で整理整頓がしやすいように相談をして揃えましょう。お道具袋については、透明なデザインが中身が見えるので、おすすめです。

準備するもの
・お道具袋

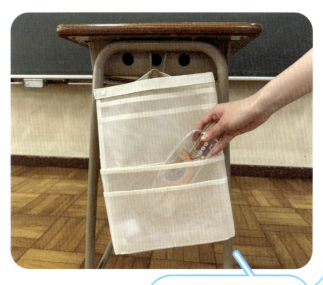

透明だと一目瞭然で分かる！

5. 身体の動き （3）日常生活に必要な基本動作に関すること

85 両手の協調性 輪ゴム通し

準備するもの
- 輪ゴム（リングゴム）
- 棒（割りばしやストローなど）

フエルトを巻いて持ち手を工夫

両手の協調運動にチャレンジ！

まずは教師が持つ棒に通し、慣れたら子どもが非利き手で持つ

困りごと ＆ アセスメント

Q ボタンかけや食器を持つことなど、両手を使うことがなかなか身につきません。

A 日常生活以外にも両手を協調させる教材を用意して、両手を使う経験を増やしていきましょう。

> 実践の流れ

❶ ステップ①先生が持つ棒に輪ゴムを通します。
❷ ステップ②非利き手で棒を持って輪ゴムを通します。
❸ ステップ③机上に肘をつかない姿勢で両手で通します。

いるかどり先生からの アドバイス

☑ 最初は、棒に輪ゴムを通すことに集中できるように先生が棒を支えるようにします。両手で輪ゴムを広げるようにしてもよいです。
☑ 慣れてきたら座位の姿勢で肩と肘を中間位に保ちながら両手で輪ゴム通しができるように励ましていきましょう。

応用編

86 両手を使う活動を広げる

一つの教材で活動を繰り返すことは訓練的になりやすく、飽きてしまいやすいです。子どもの意欲を高め、維持できるようにいろいろな教材で両手を使う経験を増やしていきましょう。
活動レパートリーには、カードを洗濯バサミではさむ、スプーンでビーズをすくってお茶碗に入れる、などがあります。

準備するもの ・洗濯バサミ ・カードなど

レパートリーを増やして飽きさせない！

片手でカードを支えて
もう片方の手で洗濯バサミをはさむ

5. 身体の動き （3）日常生活に必要な基本動作に関すること

87 ぶつからないように歩く
ミッションひもロード

準備するもの：・椅子　・平ゴム　・鈴

物との距離感をつかめるようになる

アクション映画みたいで盛り上がる！

がんばれ〜

困りごと ＆ アセスメント

Q 歩いているときに、友だちや壁、机などにぶつかってしまいます。わざとではありません。

A 自分と相手、自分と物との距離感を意識ができるような活動を取り入れましょう。視空間認知力にアプローチします。

実践の流れ

1. 平ゴムを椅子などに絡め、鈴をつけます。
2. ひもに当たらないように進んでいきます。
3. ゴールまでたどりつくことができたら、ひもを増やします。

いるかどり先生からのアドバイス

- ☑ 「周りをよく見て歩いてね」という指導だけでは、中心的課題への指導とは言えないので、視空間認知やボディイメージなど、背景要因を考え、授業を計画していきましょう。
- ☑ 平ゴムなど伸びる素材がおすすめです。鈴をつけると音が鳴って当たったことが分かりやすいです。

応用編

88 ミッションスポンジロード

スポンジボールを倒さないように歩きます。スポンジボールに鈴をつけておくと、倒れたときに音がして分かりやすいです。慣れてきたら、小さめのフラフープの中に入ってお腹の高さで持ちながら取り組んでみましょう。狭くて通れない場所には行かず、ルートを考えることにも繋がります。ぶつからないように進もうと考えるきっかけになります。

準備するもの　・スポンジボール　・鈴

ぶつかったら倒れちゃう！

目と体と頭を使う！

5. 身体の動き （3）日常生活に必要な基本動作に関すること

89 学習で使う道具の使い方を知る
定規を押さえる

準備するもの　・カッター　・鉛筆　・定規

定規を押さえる手に着目する声かけをする

ずれないように左手で押さえよう

縦に引く方がやりやすい

困りごと ＆ アセスメント

Q カッターの指導に入りたいのですが、定規と鉛筆でまっすぐ線を引くことができません。

A 安全のためにも、まずは、鉛筆で直線を引けるようになることや安定して押さえることができるようになりましょう。

> 実践の流れ

❶ 鉛筆を持つ反対の手で押さえることを知ります。
❷ ずれないように力を加減してノートを押さえます。
❸ 定規の横に線を引きます。

いるかどり先生からの アドバイス

✓ カッターなどの刃物を扱う際には、安全を第一に考えましょう。書く手と押さえる手の両方にアプローチする必要があるため、教師が手を添えて手の動きの感覚を掴めるように指導をするなど、支援を継続しましょう。また、定規が壁になる教材も販売されていますので、怖がる子には、おすすめです。

応用編

90 滑らないテープ

子どもたちの学習を進めつつ、教科の指導などで定規を使うときには、環境調整を行い授業に参加できるようにすることが大切です。滑らない加工がされている定規を使用したり、ノートの下に滑り止めを敷いたりするなど工夫をしましょう。学習用品は、保護者と相談をして、子どもたちが使いやすいものを購入することをおすすめします。

準備するもの ・滑り止めシートなど

子どもじゃなくて環境に働きかける

5. 身体の動き （3）日常生活に必要な基本動作に関すること

91 自分で靴が履けるようにする
結ばない靴ひも

準備するもの　・さまざまな種類の靴やひも

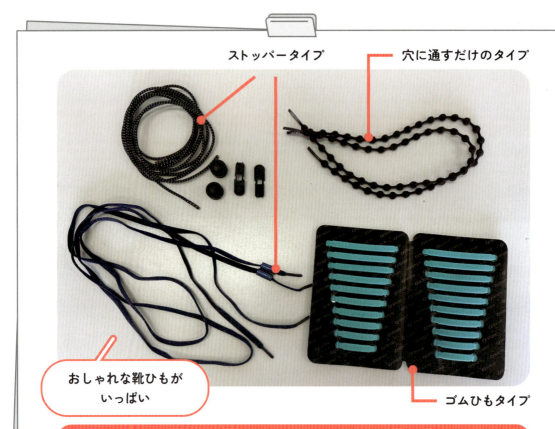

ストッパータイプ
穴に通すだけのタイプ
おしゃれな靴ひもがいっぱい
ゴムひもタイプ

困りごと ＆ アセスメント

Q 中学部です。自分で靴ひもを結べるようになってほしいのですが、難しいようです。

A 本物の靴を使って学習をするのが効果的ですが、必ずしも結ぶ必要はなく、いろいろなタイプのひもを試してみましょう。

> 実践の流れ

❶ さまざまな種類の靴ひもを用意します。
❷ どの靴ひもが一番結びやすいか実際に試します。
❸ いつも履いている靴の靴ひもを❷で結びやすかったものに変えます。

いるかどり先生からの アドバイス

☑ ひもの結び方を説明するときには、靴を見立てて作成した平面の教材を使用することで、見やすく分かりやすく指導することができます。
☑ 結び方を覚えたあとは、様々な種類の靴でひもを結び、経験値を積むことができるように環境を整えましょう。

応用編

92 ストレッチで準備万端

靴ひもを結ぶときには、頭を下にさげ、姿勢を低くして、手で靴ひもを操作できる体勢にします。体が硬いと手が届かないために、靴ひもを結ぶことが難しいこともあります。可能であれば、しゃがんでひもを結ぶ、もしくは座ってひもを結ぶことができるようにストレッチを継続しましょう。教師も一緒に楽しく取り組みましょう。

準備するもの ・体操服

身体をよ〜く伸ばすよ〜

しゃがむ姿勢に関係する部位を伸ばす

5. 身体の動き （3）日常生活に必要な基本動作に関すること

93 安全に道具を使う方法を知る
ボンドの壁

準備するもの　・画用紙　・ハサミ　・木工用ボンド

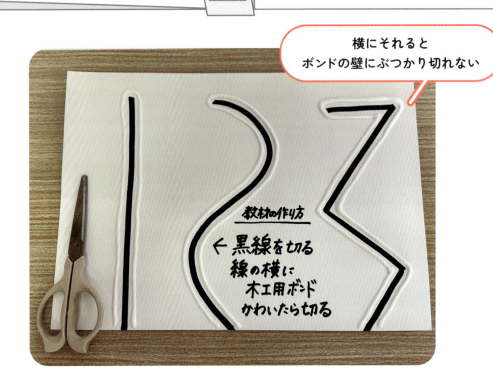

横にそれるとボンドの壁にぶつかり切れない

教材の作り方
← 黒線を切る
線の横に木工用ボンド
かわいたら切る

困りごと & アセスメント

Q ハサミを練習しているのですが、まっすぐ線を見て切ることが難しいです。

A 目と手の協応動作は難しいですよね。分かりやすい線と立体的な工夫で切る動作を支援しましょう。

実践の流れ

① 線の横に木工用ボンドをつけて乾かします。
② ハサミで線の上を切ります。
③ ボンドにぶつかると硬いので切る位置を修正します。

いるかどり先生からのアドバイス

☑ 視覚への支援で効果を感じることができないときには、他の五感へ支援をしてみましょう。今回は、触覚への支援をおこなってみました。木工用ボンドは、乾燥すると硬くなるので、ハサミで切ることは難しいです。子どもたちは、自分で位置を修正して切ろうとすることができます。

応用編

94 その子に合った管理方法

ハサミを使いたい気持ちをおさえられず、ノートや教科書を切ってしまったり、ランドセルを傷つけてしまったりする子もいます。まずは環境調整として、本人と保護者と相談しつつ、使うときだけ自分で管理し、使わないときは教師が管理するなど約束を決めることも必要なときがあります。

準備するもの
・預かりスペース

使うときだけの約束だよ

5. 身体の動き （4）身体の移動能力に関すること

95 足を上げて歩く
スポンジハードル

準備するもの
・スポンジポール

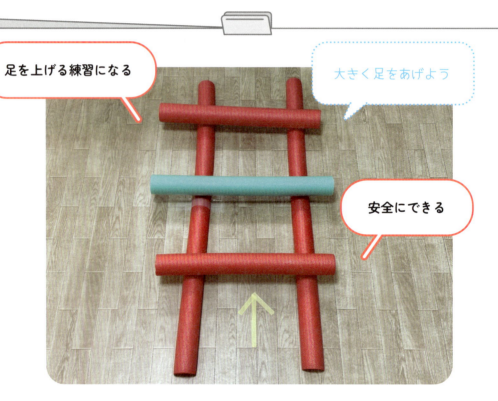

足を上げる練習になる

大きく足をあげよう

安全にできる

困りごと ＆ アセスメント

Q 足を床にずりずりしながらゆっくり歩いています。足を上げて歩くように指導がしたいです。

A 転倒すると危ないので、まずはスポンジなどの柔らかい素材や丈夫な靴を使い、高さは低めの設定で行いましょう。

実践の流れ

① 足の上がる高さを確認します。
② 半分に切ったスポンジポールを置きます。
③ スポンジポールを踏まないように歩きます。

いるかどり先生からのアドバイス

☑ 心理的な要因があるのか、身体的な要因があるのかを医療機関などと連携をしてアセスメントすることが大切です。教室や体育館などで運動する際には、机やホワイトボードを片付けるなど、安全に気をつけて行いましょう。バランスが崩れそうなときには、手を添えて支援をしましょう。

応用編

96 スポンジポールで一本橋

スポンジポールはさまざまな使い方ができます。事例95では、横向きに置いてまたぐように運動をしました。今回は、進行方向と同じ向きに置いて道を作りました。道から逸れることのないように、方向転換をしながらまっすぐ歩くことを目標にしています。広めの道から始めて、慣れてきたら少しずつ道を狭くしていきましょう。

準備するもの：・スポンジポール

子どもの肩幅にそろえる

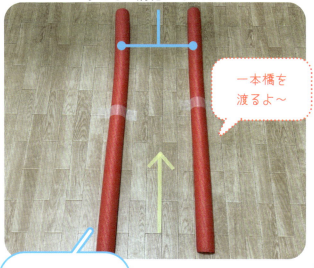
一本橋を渡るよ〜

意外に難しい

5. 身体の動き （5）作業に必要な動作と円滑な遂行に関すること

97 筆圧のコントロール
ビー玉発掘

準備するもの ・シリコン粘土（様々な硬さ） ・ビー玉

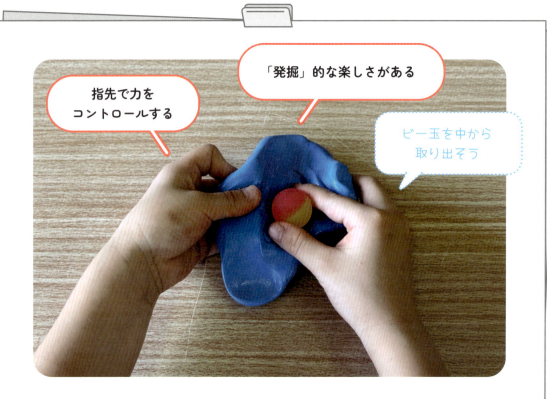

指先で力をコントロールする

「発掘」的な楽しさがある

ビー玉を中から取り出そう

困りごと ＆ アセスメント

Q 鉛筆を使って文字を書くと、強く握りすぎて鉛筆や芯が折れてしまう子がいます。

A 指先の力をコントロールできるように、やさしい力と強い力の両方を活用できる運動を取り入れてみましょう。

> 実践の流れ

① ぐーぱーぐーぱーと10回ずつ手指を動かします。
② 教師が丸くしたシリコン粘土の中にビー玉を入れます。
③ 子どもがシリコン粘土の中にあるビー玉を取り出します。

いるかどり先生からの アドバイス

- ☑ やわらかいシリコン粘土を強い力で取り出そうとすると切れてしまいます。そのため、シリコン粘土の硬さによって力を調整できるように声かけをしていきましょう。
- ☑ 中に入れる教材は、プラスチックの素材では割れてしまうことがあるので、ガラス製のビー玉やおはじきがおすすめです。

応用編

98 シリコン粘土がグリップに変身

授業にスムーズに参加することができるように、物的環境調整を行います。ぎゅーっと強く握りたい子には、シリコン粘土を「手のひらで包めるサイズ」にして、鉛筆を包むようにくっつけます。黒色や青色のシリコン粘土は硬さがあるので形状が残ります。そのため、書きやすい手指の形で固定することで、スムーズに書くことができるように支援します。

準備するもの ・鉛筆 ・シリコン粘土

手の形にフィット！
オーダーメイドが可能

5. 身体の動き （5）作業に必要な動作と円滑な遂行に関すること

99 指先の動き（つまむ・通す）
ひも通しでネックレスづくり

準備するもの　・ストロー　・ひも　・セロハンテープ　・ビーズなど

- かわいくて大人気！
- ネックレスみたい！
- つまむ・通すの練習！

困りごと & アセスメント

Q 細かい指先の作業をしたいです。少しでも円滑に動かせるようになってほしいです。

A シンプルな教材でも、教材の長さや重さを変えるだけで難易度が変わります。様々な素材で取り組んでみましょう。

> **実践の流れ**

① ひもの先端にテープを巻きます。（通しやすくなります）
② ストローやビーズを入れていきます。
③ ひもの長さ全部を通したらネックレスにします。

いるかどり先生からの アドバイス

☑ シンプルに同じ素材でひも通しをすることも大切です。今回の事例では、キラキラしたものが好きな子やネックレスにして保護者にプレゼントしたいという子が喜ぶアイデアです。取り組んで完成したものを作品にすることで、達成感を味わうことができます。

応用編

100 曲がるストローで大車輪

生活の中では、家の鍵をかける、ペットボトルの蓋を開ける、ドライバーを操作するなど、人差し指と親指を使用してものを操作することが多くあります。指でものを操作する力を学習するときに、曲がるストローと画用紙で簡単におもしろい教材を作成することができます。子どもたちは、くるくる回して大笑いでした。

準備するもの
・曲がるストロー2本
・イラストを描いた画用紙　・テープ

大爆笑が生まれる！

ここで回転の向きが伝わる

両指でくるくる

5. 身体の動き （5）作業に必要な動作と円滑な遂行に関すること

101 指先の動き（ちぎる・はる）
ちぎってかざり

準備するもの　・クラフトパンチ　・はさみ　・折り紙　・画用紙　・丸シール　・のり　・黒い模造紙など

道具なしでもできる！

ちぎることに集中できるよう折り紙は事前に短冊状に切っておく

クリスマス以外、季節に合わせたかざりを作る

困りごと ＆ アセスメント

Q はさみやのりを使用する際、指先を使う作業が苦手で活動に飽きたり雑になったりする子がいます。

A 達成感をもって活動できるよう、季節感のある楽しい掲示を作り、活動のモチベーション向上を狙いましょう。

実践の流れ

1. ちぎった折り紙や細く切った短冊をのりで貼る。
2. クラフトパンチで画用紙を型抜きし、周りにのりで貼る。
3. 毎日15分〜20分活動の時間を確保し2週間で完成。

いるかどり先生からのアドバイス

- ☑ 児童によって集中できる時間は異なります。ちぎる活動やはさみで切る活動、のりで貼る活動は児童の実態に応じて時間や量を調節しましょう。
- ☑ クラフトパンチが硬く、指の力だけでは難しい場合もあるため、手のひらで押さえたり専用の補助具を使用したりと支援の工夫が必要です。

応用編

102 アイロンビーズでオーナメント作り

手指の巧緻性を狙い、アイロンビーズでクリスマスの飾りを作りました。透明のプレートの下に図案を敷いたり、図案を横において「赤色のビーズを右に3つ置く」などと位置の把握をしながら作成したりと、児童の実態に応じてレベルアップすることができます。できあがったアイロンビーズはツリーやリースの掲示に飾りつけました。

準備するもの　・アイロンビーズ　・図案

アイロンは教師がかけること

同じ図案でも、ビーズの色を変えたり配置を変えたりと自分でアレンジを考える児童もいる

5. 身体の動き （5）作業に必要な動作と円滑な遂行に関すること

103 手指の体操
手先足先から体をリラックス

準備するもの：マット（寝ながら行う場合）

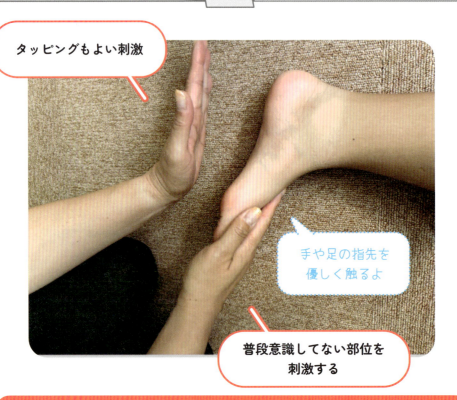

- タッピングもよい刺激
- 手や足の指先を優しく触るよ
- 普段意識してない部位を刺激する

困りごと & アセスメント

Q 指先を使うことが苦手で不器用です。体に力が入ってしまったり落ち着きがなかったりします。

A 自分の足や手に刺激を与えてもらうことで自分の体に視点を向けられるようにしてみましょう。

> **実践の流れ**

❶ 子どもたちに今日の活動の説明をします。
❷ 手のひら、足の裏のタッピングをして刺激を入れます。
❸ 指先を軽く摘んで弾くようにピッピッと刺激を入れます。

いるかどり先生からのアドバイス

✓ 刺激が苦手な子もいるので、確認してから触りましょう。両手で挟んでぎゅーと優しく圧をかけるのもいいです。直接が苦手な子にはタオルを使って挟んでもよいです。ぎゅっと握らず、触れるくらいの優しいタッチをしましょう。触れ合うことで心の安定にもつながります。

> **応用編**

104 指先全部をマッサージ

指を1本ずつ根本から摘んで指先に向けて優しくさすります。音楽に合わせて取り組むことも効果的です。人と人との触れ合いは、愛情が伝わりやすく信頼関係の構築にもつながります。子どもたちがリラックスできるように、教師もリラックスをして、穏やかに語りかけるように行ってみましょう。

準備するもの ・なし

指先に向けてスーッとさする

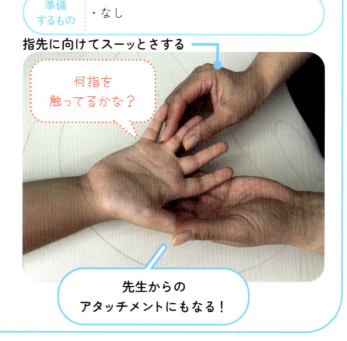

何指を触ってるかな？

先生からのアタッチメントにもなる！

6. コミュニケーション （1）コミュニケーションの基礎的能力に関すること

105 相手に伝えたいことを伝える
ジェスチャークイズ

準備するもの　・黒板　・お題のメモ

- ジェスチャーから相手のメッセージを読み解く
- おもしろいポーズに大笑い！

困りごと & アセスメント

Q 言葉で説明することが難しい子がいます。コミュニケーションをとりたいのですがどうすればよいでしょうか。

A ジェスチャーを取り入れてみてはどうでしょうか？　同時に言葉で伝えても大丈夫です。

実践の流れ

① 学校生活でありそうなシチュエーションをお題にします。
② お題「Aさんがやりたい遊びはどちらでしょう」
③ ジェスチャーを見て、先生やクラスの子どもが答えます。

いるかどり先生からの アドバイス

✓ 言葉で説明することが難しい場合には、身振りや表情をつけてお話をしてみましょう。食べる動作、走る動作、描く動作など、手や顔を動かしてみると伝わりやすくなります。そして、その動作を子どもが覚え、相手に動作で伝えることができるようになると、コミュニケーションが広がっていきます。

応用編

106 ゆっくりゆっくり読み聞かせ

絵本の読み聞かせの最大のメリットは、子どもたちの思考のペースで読み進められることです。動画のようにどんどん先へ進んでいかないので、読みたい文章、見たい絵をじっくりと楽しむことができます。絵本の読み聞かせは、大人との信頼関係の構築や様々な言葉に触れることで、コミュニケーションの基礎を養うことができます。

準備するもの ・絵本

反応をうかがいながら子どもたちの思考のペースで読む

※絵本の読みきかせは授業の導入としても活用できます！

6. コミュニケーション （1）コミュニケーションの基礎的能力に関すること

107 相手に伝える方法を知る
お腹でボール運び

準備するもの：・風船　・ボール

- 勝ち負けをつけずに遊ぶほうが落ち着いて活動できる
- 気をつけて歩こう
- 楽しいね
- ペアとの会話が生まれる

困りごと ＆ アセスメント

Q 教室で座って言語の学習をしていると単調になってしまい子どもたちが飽きてしまいます。

A 体を動かすことが好きであれば、教室の環境を整えて、安全にできるゲームなどで学習をしてみましょう。

> 実践の流れ

① ペアを決めます。
② ２人のお腹の位置にボールを挟みます。
③ スタートからゴールに向かって歩きます。

いるかどり先生からの アドバイス

- ☑ コミュニケーションは、誰かと関わることで生まれます。関わりが発生するような活動を取り入れてみましょう。
- ☑ 体を動かすことが好きな学級であれば、教室でのびのび活動してみると盛り上がります。運動の要素が難しすぎると、学習目標が体育に変わってしまうので調整していきましょう。

応用編

108 先生の腕でクレーンゲーム

発語や指差しをすることが難しい場合は、教師の腕を掴んで、クレーンゲームのように動かしてみましょう。ブロックや電車、人形など子どもたちが「今から自分が遊びたい（学びたい）もの」を選び、その意思を教師の腕を使って伝えます。教師は、「それが好きなんだね。掴むよ」など言葉で説明を追加しながら教材を取りましょう。

準備するもの ・人形など

先生の腕を動かしてね

信頼関係も強まる！

6. コミュニケーション （2）言語の受容と表出に関すること

109 相手を模倣して言語を表出する
とんぱんりんご

準備するもの　・イラスト　・画用紙

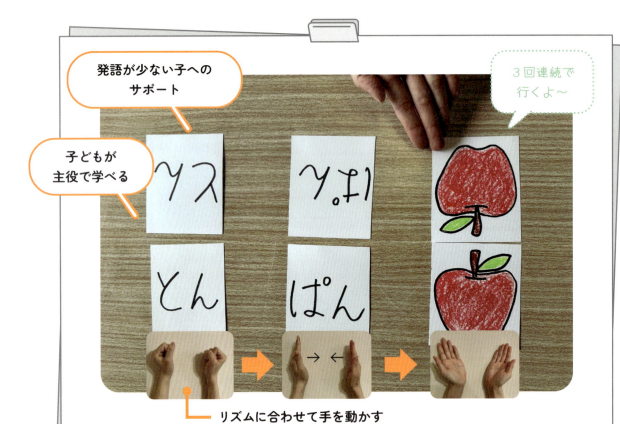

- 発語が少ない子へのサポート
- 子どもが主役で学べる
- 3回連続で行くよ〜
- リズムに合わせて手を動かす

困りごと ＆ アセスメント

Q 言葉の理解はできていても言語を表出することが少ないです。リズムのある遊びや曲が好きな子です。

A その子の強みであるリズムのある遊びを取り入れながら、言語を表出する工夫を活動の中に取り入れましょう。

> **実践の流れ**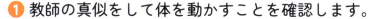

① 教師の真似をして体を動かすことを確認します。
② 教師は「とん」「ぱん」「りんご」とテンポよく言います。その際、「とん」で机を軽くたたき、「ぱん」で両手を合わせ、「りんご」で両手を広げます（写真参照）。これを子どもたちが真似をします。

> **いるかどり先生からのアドバイス**
> ☑ 言語を表出する必要性を楽しい空間の中で感じられるように活動を工夫してみましょう。
> ☑ また、鬼ごっこやパズル、計算問題や調理実習など、その子の気持ちが高まり、言語が自然と表出するような活動を見つけて、日課表に組み込んでいくことも効果的です。

応用編

110 先生答えて！ あいうえお

子どもたちが発する言葉は、短ければ短いほど、ストレスがかかりません。今回の事例では、子どもたちから「あ」などの一文字のお題をもらいます。教師は、「あ」から始める言葉を伝えます。

教　師「ひらがなどれが好きですか？」
子ども「あ」
教　師「あり」
子ども「○」
　　　　ジェスチャーも可

準備するもの：・あいうえお表

いと

自分の言葉に対し教師が何を言うか分からないところがおもしろい！

次は「い」

6. コミュニケーション （2）言語の受容と表出に関すること

111 相手に言語で伝える・聞く
ダブルキャッチャー

準備するもの
- 新聞紙の棒
- トングやおたまなど
- フェルトボールなど

ペアで棒を動かすことで会話が生まれる — トング

動かすのが難しいぞ

次、わたしがやりまーす！

協調することを学べる

困りごと ＆ アセスメント

Q 子どもたち同士で声をかけ合いながらできる学習はありますか？ 簡単な言葉でいいので表出してほしいです。

A 子どもたちが楽しみながら声をかけ合い、ゆずり合わないとできないゲームをしてみましょう。

> **実践の流れ**

❶ 新聞紙で棒を作成し、トングなどをつけます。
❷ フェルトボールを掴んで箱の中に入れます。
❸ 全部のボールが箱の中に入ったらおしまいです。

いるかどり先生からの アドバイス

✓ 楽しい学習をしていると、言語の受容と表出にポジティブな印象を与えることができます。ゲーム感覚で楽しみつつも、学習目標を確認する時間には「次、やらせて」「待ってください」「いいよ」など簡単な言語を確認して、表出できるようにしましょう。

応用編

112 紙袋にシュート

新聞紙の棒2本の真ん中に紙袋をぶら下げます。テープで固定しておくとズレにくいです。ボールを置く人が1名、プレイする人が2名で挑戦をします。「閉じて」「開いて」「下にして」など、簡単な言語の表出ができるように声をかけていきましょう。重たいボールや小さいボールは難しくなります。

準備するもの ・新聞紙 ・ボール ・紙袋

ここで開こう

6. コミュニケーション （3）言語の形成と活用に関すること

113 知らない言葉を使う場面を増やす
語彙ポイントカード集め

準備するもの　・画用紙　・色ペン　・ホワイトボード

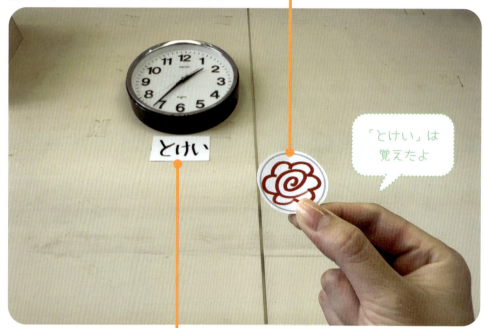

覚えた子にはシールなどをあげてもよい

「とけい」は覚えたよ

覚えたカードは外してボードなどに貼っていく

困りごと ＆ アセスメント

Q 学校生活の中で発語が少なく、語彙の広がりを感じることができません。

A 子どもたちが話したいのであれば、積極的に言葉に触れる機会を増やしましょう。まずは身近なものからはじめます。

> 実践の流れ

① 教室にある時計に「とけい」というカードを貼ります。
② 言葉と写真のマッチングカードなどで学習をします。
③ 覚えたカードをホワイトボードなどに貼っていきます。

いるかどり先生からのアドバイス

✓ 言葉に触れる機会が少なくなると、知る機会、覚える機会が減ってしまうので、子どもたちには、たくさんの言葉を伝えていきたいです。まずは、自分の名前やよく使うものから覚えることができるようにします。言葉を覚えていくと、コミュニケーションが豊かになります。

応用編

114　いいねの木

たくさんの言葉を覚えることは大切なことですが、「あたたかい言葉」「やさしい言葉」など、相手とのコミュニケーションの中で生まれていく言葉を覚えることで、人間関係の構築にもつながっていきます。子どもたちの世界が平和であたたかい空気につつまれるように、わたしたち教師が丁寧であたたかい言葉遣いを心がけていきましょう。

準備するもの：・ふせんや画用紙（花の形）　・模造紙

子どもたちが使ったあたたかい言葉を書いて貼っていく

素敵な言葉ってこんなにたくさんあるんだ！

119

6. コミュニケーション （4）コミュニケーション手段の選択と活用に関すること

115 頭の中で記憶する
今日の一言メモ

準備するもの
・便箋や付箋など

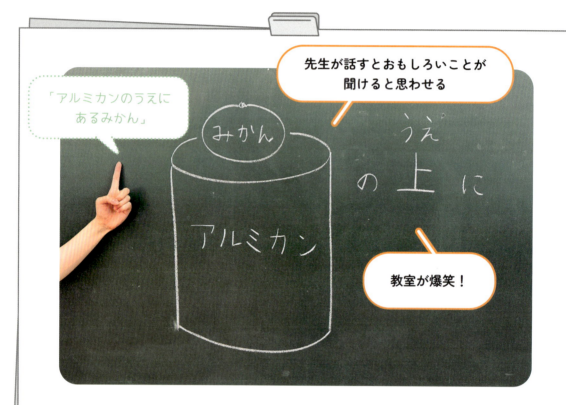

困りごと ＆ アセスメント

Q 教師の話を聞くということが難しいです。何度か注意をしていますが改善しません。

A まずは、教師の話を聞くと楽しいと実感できるような活動を取り入れることがおすすめです。

実践の流れ

① 一筆箋や便箋、付箋などを用意します。
② 教師がダジャレや名言などを言い、子どもたちがそれをメモします。
③ メモは連絡帳に貼って、家庭での話題にします。

いるかどり先生からのアドバイス

✓ 教師の話が子どもたちにとって楽しい・おもしろいと感じる内容のときは、「もっと聞かせて！」と意欲的に聞く姿勢を示す子どもたちが多いです。子どもたちの好きなものや興味のある話題を話す時間を設定し、教師の話を聞けたという成功体験を積み重ねることができるようにしましょう。

応用編

116 メモで宝探し

子どもたちが自分の力で、宝探しをすることができるように工夫をしたゲームです。まずは、教師が黒板に宝となる学習道具などを書きます。子どもたちは、ホワイトボードで作成されたメモ教材に宝を書きます。全員の子どもたちが書いたのを確認して、板書を消します。子どもたちは、自分のメモを頼りに宝探しを楽しみます。

準備するもの：・ホワイトボードなどのメモ教材

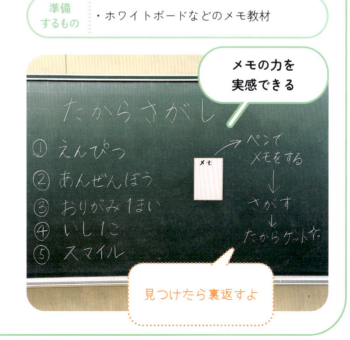

メモの力を実感できる

見つけたら裏返すよ

6. コミュニケーション （5）状況に応じたコミュニケーションに関すること

117 場の雰囲気を理解する
この場面ってどんな状況？

準備するもの　・ラミネートした「いつ」等　・マグネットシート

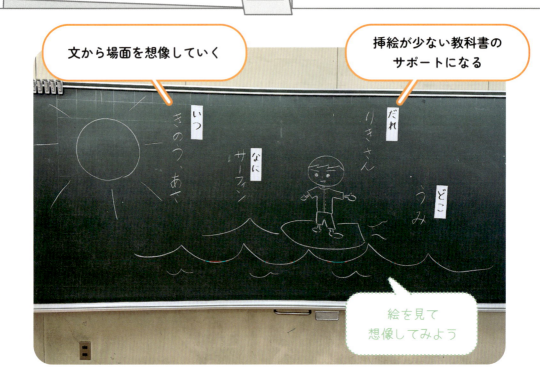

文から場面を想像していく

挿絵が少ない教科書のサポートになる

絵を見て想像してみよう

困りごと & アセスメント

Q 物語文を読んで場面を想像することが難しい子がいます。想像力を豊かにするためにはどうすればよいですか？

A 「朝？ 夜？」「ワクワク？ しょんぼり？」など、具体的に考えることからはじめると楽しみながら取り組めます。

実践の流れ

1. 文章を読みます。
2. 黒板に絵を描きます。
3. 事例118のワークシートを書き込みます。

いるかどり先生からのアドバイス

✓ 場面の状況を考えるとき、ゼロから考えることはとても難しいことです。まずは、「場所は、海？　山？」など場所や天気など分かりやすい二択の質問からはじめて「主人公は怒ってる？　喜んでる？」など表情のように細かい部分に注目できるような二択へとステップアップさせて考えていきます。

応用編

118 まとめながら聞く

教師が話している内容を頭の中で保持しながら聞き続けることは、話す時間が長くなればなるほど難しいことです。音声情報のみを伝達して、いつ・どこ・だれなどの情報を「聞いたことをメモする」「メモしたことを確認してから次の話をする」を繰り返し学習をします。慣れてきたら「メモしながら聞く」ことにチャレンジしてみましょう。

準備するもの　・聞いたことをメモするワークシート

黒板とワークシートが同じだと分かりやすい

6. コミュニケーション （5）状況に応じたコミュニケーションに関すること

119 困ったときの対応方法を知る
おはなしポスト

準備するもの　・ダンボール　・画用紙　・色ペン　・必要に応じて鍵

人前では恥ずかしくても手紙なら伝えられる！

ダンボールを切るだけで作成できる！

先生に届くのがうれしいんだ

側面に画用紙などを貼って親しみやすくしよう

困りごと ＆ アセスメント

Q どうしても周りに人がいると話しかけることが難しいようです。コミュニケーションの手段はありますか？

A 文字を書くことができる子であれば、交換ノートや手紙をやりとりしてみてはどうでしょうか。

> 実践の流れ

① 学級におはなしポストを設置します。
② 困ったことや改善してほしいことを書いて投函してよいことを伝えます。
③ 教師のみが開封できるようにします。

いるかどり先生からのアドバイス

✓ 子どもたちの中には、周りに人がいるとコミュニケーションをとりにいくことが難しい子もいます。文字や文章、イラストを描くことができる子であれば、交換ノートや手紙をやり取りすることで、文字に書いて気持ちを表現する方法を学びましょう。

応用編

120 場面に応じた声の大きさ体験

「今、わたしはどんな状況にいるのだろう」と客観的に考えることが難しく、声の大きさの調節ができないときには、「発声」と「場面設定」をセットにして指導すると効果的です。校庭に出て離れている人に話しかけるときの声の大きさ、近くに座って話すときの声の大きさなど実際の場面を想定して学習をしましょう。

準備するもの：・校庭や教室、個室などの場所の設定

現場でやって理解する

遠くまで聞こえるかな？

おわりに
子どもたちの強みを生かした授業を作り上げましょう

　本書を読んでくださり、誠にありがとうございました。本書のアイデアを実践したり、アレンジしたり、子どもたちの実態に合わせて計画し、子どもたちと相談をしながら題材を決定し、自立活動の授業を楽しんでください。

　自立活動は、生きていく力を育んでいくための核となる授業です。子どもたちが苦手意識のある内容を取り扱うことが多くなるからこそ、子どもたちの強み（好きなこと、知っていることなど）を生かした題材や教材を考えていきましょう。いつでも子どもたちの声を聞くことを忘れなければ、よりよい授業へとアップデートすることができます。

　最後に、本書の制作にあたってご協力いただいた空に架かる橋 I メンバーの皆様、出版にご尽力いただいた時事通信出版局の大久保 昌彦様、深く感謝申し上げます。

　すべては子どもたちのために

　学び続けることのできる「あなた」に出会えた子どもたちは幸せです。これからも、同じ時代に生き、今日も笑顔を大切に、共に学び続けていきましょう。

いるかどり

■ 本書の制作に当たりたくさんの人に協力を頂きました。感謝申し上げます。

事例・教材アイデア提供者（事例番号）

　空に架かる橋 I メンバー

　千葉市立高洲第三小学校 教諭 前野 美夢 先生（３・４）

　公立小学校 教諭 米沢 恵 先生（１９・２０・６３・６４・６５・６６）

　公立小学校 教諭 伊崎 真弓 先生（２３・２４・２５・５３・５４・６１・６２）

　甲府市立国母小学校 教諭 武井 恒 先生（２１・２２）

　県立特別支援学校 教諭 神 先生（５５・５６・７７・７８）

　県立特別支援学校 教諭 笑実 先生（７９・８０・１０３・１０４）

　県立特別支援学校 教諭 滝澤 健 先生（８５・８６）

　元公立小学校 教諭 山本 晃叶 先生（１０１・１０２）

撮影協力

　Knot a smile , Riona 先生 , さあや さん , tsuki 先生

参考：自立活動 6 区分 27 項目

（1）健康の保持

① 生活のリズムや生活習慣の形成

② 病気の状態の理解と生活管理

③ 身体各部の状態の理解と養護

④ 障害の特性の理解と生活環境の調整

⑤ 健康状態の維持・改善

（2）心理的な安定

① 情緒の安定

② 状況の理解と変化への対応

③ 障害による学習上又は生活上の困難を改善・克服する意欲

（3）人間関係の形成

① 他者とのかかわりの基礎

② 他者の意図や感情の理解

③ 自己の理解と行動の調整

④ 集団への参加の基礎

（4）環境の把握

① 保有する感覚の活用

② 感覚や認知の特性についての理解と対応

③ 感覚の補助及び代行手段の活用

④ 感覚を総合的に活用した周囲の状況についての把握と状況に応じた行動

⑤ 認知や行動の手掛かりとなる概念の形成

（5）身体の動き

① 姿勢と運動・動作の基本的技能

② 姿勢保持と運動・動作の補助的手段の活用

③ 日常生活に必要な基本動作

④ 身体の移動能力

⑤ 作業に必要な動作と円滑な遂行

（6）コミュニケーション

① コミュニケーションの基礎的能力

② 言語の受容と表出

③ 言語の形成と活用

④ コミュニケーション手段の選択と活用

⑤ 状況に応じたコミュニケーション

いるかどり

プロフィール
特別支援教育コーディネーター
空に架かる橋Iコミュニティ代表
幼稚園教諭　小学校教諭　学校心理士

好きな食べ物は、きびだんご。
好きな色は、暗い道を明るく照らす月と夜空の色。
オリジナル教材「教材データ集 ver.2024.STAR」や「SUCTORY サクトリー」を作成・提供している。
全国で講演会や特別支援教育教材展示会を主催。
Instagramフォロワー約４万人
講師依頼はこちら
空に架かる橋Iホームページ
https://irukadori.jp

　　ホームページ　　　　Instagram

教えているかどり先生！③
特別支援教育の自立活動
子どもがウキウキ学ぶ教材＆活動アイデア図鑑120

2025年1月2日　初版発行

著　　者：いるかどり
発 行 者：花野井道郎
発 行 所：株式会社時事通信出版局
発　　売：株式会社時事通信社
　　　　　〒104-8178　東京都中央区銀座5-15-8
　　　　　電話03（5565）2155
　　　　　https://bookpub.jiji.com/
デザイン／DTP　株式会社アクティナワークス
印刷／製本　TOPPANクロレ株式会社
編集担当　大久保昌彦

©Irukadori
ISBN978-4-7887-2002-2　C0037　Printed in Japan
落丁・乱丁はお取り替えいたします。定価はカバーに表記してあります。
★本書のご感想をお寄せください。宛先は mbook@book.jiji.com
本書のコピー、スキャン、デジタル化など、無許可で複製することは、法令に規定された例外を除き固く禁じられています。